José Félix García de la Torre Corral

ABBANN

Un nuevo modelo de redes neuronales

Introducción

Nada se parece tanto a la
ingenuidad como el atrevimiento.
Oscar Wilde.

Prólogo

No hay nada que estimule tanto la imaginación como la posibilidad de construir una máquina que imite comportamientos genuinamente humanos. La inteligencia, junto con las emociones y los sentimientos, están dentro de esta categoría.

Los tres han sido materia de estudio, aunque sólo la inteligencia ha sido objeto de forma significativa de imitación artificial.

La inteligencia es difícil de definir. Según el DRAE en su edición XXIII, la palabra "inteligencia" tiene 8 acepciones. La primera de ellas dice "Capacidad de entender o comprender", de la que se deduce algo interno y privado al individuo. La segunda dice "Capacidad de resolver problemas", que denota algo más utilitarista. Finalmente la séptima indica "Sustancia puramente espiritual". Verdaderamente la inteligencia ha estado siempre muy valorada, hasta el extremo de considerarla espiritual y no limitada por las leyes físicas.

Para los propósitos de este libro, se considerará como mejor la segunda acepción: "Capacidad de resolver problemas". Esta definición sugiere la posibilidad de medir un resultado, ya que se espera una solución a un problema de partida. El planteamiento se mueve a un ámbito nada privado y más conductual, en el que se puede observar externamente cómo es el problema a resolver y cómo es la respuesta emitida.

Uno de los intentos más decididos de imitar estos procesos de inteligencia es el de las redes neuronales. Este planteamiento intenta imitar la solución que la naturaleza ha aplicado, al proponer un modelo artificial de neuronas y sinapsis.

A este respecto, intentaré explicar en todo lo que sigue mi aportación a este juego de imitación.

Esta aportación culmina con una herramienta informática que se llama ABBANN (*A Belated Builder of Artificial Neural Networks*) a la que me referiré constantemente a lo largo del texto.

Audiencia y aspectos expositivos

Para la comprensión de lo que sigue, es necesario tener alguna formación en matemáticas, preferentemente en computación. Sin duda el conocimiento previo de los fundamentos de redes neuronales facilitará mucho la lectura, y, sobre todo, permitirá apreciar el carácter diferencial de la propuesta de ABBANN.

En cualquier caso, si no se tiene una base sobre redes neuronales, se puede encontrar apoyo en las breves descripciones que se irán dando, y que situarán la discusión.

El texto admite muchas formas de leerse. Se divide en cuatro grandes capítulos, dejando aparte los anexos:

- El modelo biológico. En el que se repasan brevemente las investigaciones sobre el sistema nervioso que inspiran las redes neuronales. Sin duda es la parte más asequible.

- Las propuestas históricas. Aquí se repasa la historia de las redes neuronales, especialmente del perceptrón multicapa y del algoritmo de retropropagación.

- La matemática de ABBANN. Esta es la parte más extensa, y es donde se desarrolla lo más sustancial. Aquí se explica todo el fundamento matemático de ABBANN.

- El lenguaje de ABBANN. Este capítulo funciona como complemento de la parte del anexo posterior que explica la sintaxis completa del lenguaje. Puede considerarse un tutorial, y es donde se desarrollan tres casos tipo, el tercero de los cuales está especialmente orientado a explicar cómo aplicar ABBANN a un caso práctico.

Se ha decidido expresar en español todo lo que ha sido posible. A pesar del esfuerzo, se han dejado en inglés algunos términos. De otro modo el texto sería muy difícil de relacionar con otros, y esto sería, a todas luces, inconveniente. También se ha dejado en inglés la sintaxis completa del lenguaje de ABBANN, así como el propio nombre de la aplicación. A estas alturas, definir un lenguaje informático en otro idioma es un celo excesivo.

El modelo biológico

> Suponer que el ojo con todos sus aparatos inimitables [...] pudiera haber sido formado por selección natural parece [...] absurdo en el más alto grado.
>
> *Charles Darwin.*

Las redes neuronales encuentran su inspiración en las investigaciones sobre el sistema nervioso de los animales, entre ellos el hombre. Se hace interesante, por tanto, un viaje por las mismas.

Historia

Actualmente las cuestiones sobre la percepción y la conducta del hombre se suelen explicar desde un punto de vista neurológico.

Antes de que existiese esta disciplina, las explicaciones eran principalmente de carácter mágico. Un aspecto especialmente intrigante era, sobre todo, el de las enfermedades mentales, entre las que sobresalía la epilepsia; que fue objeto de interpretaciones de tipo religioso desde muy antiguo.

La creencia en este origen religioso se debía, sin duda, a que estas enfermedades afectaban a la conducta y a la voluntad, vinculados al alma; y no se presentaban síntomas externos de otro tipo, como ocurre con otras dolencias.

Es por esto que la epilepsia se conoció como la *enfermedad sagrada*.

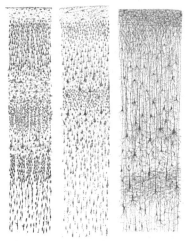

Ilustración 1: Dibujos de Ramón y Cajal para su *Estudio Comparativo de las Áreas Sensoriales de la Corteza Humana*

Hipócrates de Cos (siglo V a.C.), atribuyó por primera vez causas naturales a esta enfermedad en su *Tratado Médico Sobre la Enfermedad Sagrada*.

Mucho tiempo después, en el siglo XVII, Thomas Willis analiza anatómicamente las semejanzas entre los cerebros de los mamíferos, entre ellos el hombre, y asigna a cada área del cerebro una función específica. Thomas Willis inventa el término *neurología*.

En el siglo XIX y principios del XX hay varias figuras que dan gran impulso a la neurología, entre las que sobresalen Jean Evangelista Purkinje, Camilo Golgi y Santiago Ramón y Cajal. Estos avances se suceden en gran parte gracias al desarrollo del microscopio, que permite identificar a las neuronas como las células que soportan de manera fundamental la actividad del sistema nervioso, así como sus estructuras relacionadas, como los axones, las dendritas y las sinapsis.

Con el conocimiento de estos elementos comienza la auténtica compresión del sistema nervioso y del cerebro.

Estructura del sistema nervioso[1]

Desde un punto de vista estructural, la neurona[2] consta de un cuerpo celular del cual parten ramificaciones. Estas ramificaciones son:

- Las dendritas, que se presentan en gran número para cada neurona. Tienen la misión de recoger las señales que provienen de otras neuronas y hacerlas llegar hasta el cuerpo celular.

- El axón, del cual hay uno solo en cada neurona, aunque en su tramo final puede tener ramificaciones. Tiene la misión de propagar el estado de la neurona.

Las dendritas y los axones permiten que las neuronas se transmitan señales unas a otras. Esta transmisión se realiza mediante los fenómenos eléctricos y químicos[3] que tienen lugar dentro de estas ramificaciones, y en los puntos en que estas se aproximan o unen, denominados *sinapsis*.

En líneas generales, una neurona se encuentra en estado de reposo hasta que las señales eléctricas que recibe a través de sus dendritas superan, en conjunto, un cierto umbral. Superado este umbral, se produce un *potencial de acción*, que informalmente se puede llamar *excitación*.

Un potencial de acción es un cambio en la polaridad de la membrana de la neurona, que se propaga a lo largo del axón, hasta llegar a la sinapsis.

---

1   Una excelente referencia para este apartado es [Kandel, Schwartz and Jessell 2000].
2   Las células gliales son de gran importancia en el sistema nervioso, tanto por su número, que puede ser hasta 10 veces superior al número de neuronas, como por su función, que no se limita a ser el sostén de las mismas, como durante tiempo se creyó, sino que intervienen activamente en las funciones cerebrales. Sin embargo, para lo que interesa en esta exposición, se omitirán referencias a las mismas por considerar que no son relevantes como inspiración para los modelos de redes neuronales artificiales.
3   Entre los que destaca la bomba de Na+-K+.

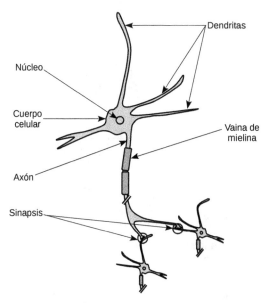

Ilustración 2: Estructura de la neurona

La sinapsis es una zona en la que un axón de una neurona y una dendrita de otra se aproximan o incluso se unen. En esta aproximación dicho potencial de acción se propaga gracias a la acción química de neurotransmisores[4] o a la acción eléctrica en caso de unión. Esta propagación facilita o inhibe la excitación de la neurona receptora, y en este sentido se puede hablar de sinapsis excitatorias o de sinapsis inhibitorias. Esta influencia es combinada con las de otras neuronas[5], y el resultado de esta combinación de influencias es el que decide si la neurona receptora de las mismas se excita o no.

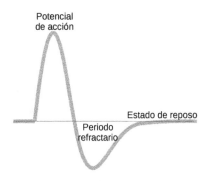

Ilustración 3: Gráfico de un potencial de acción

---

4   De manera destacada noradrenalina y acetilcolina.
5   Capítulo 12 de [Kandel, Schwartz and Jessell 2000].

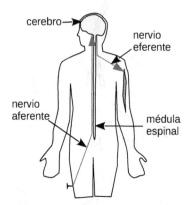

Ilustración 4: El cerebro recibe y emite información

En definitiva, las neuronas interactúan, reforzándose o debilitándose en su estado de excitación, a través de las sinapsis.

Tras esta propagación, el impulso se transmite por la dendrita, animando o evitando junto con otros impulsos el potencial de acción en la neurona postsináptica.

Inmediatamente después de un potencial de acción la neurona es incapaz de volver a excitarse durante un cierto periodo de tiempo, llamado *periodo refractario*, como se ve en la ilustración 3.

Este mecanismo de propagación de señales entre neuronas se produce a tal escala dentro de un cerebro, que todo él es una intrincada red de neuronas conectadas, capaz de los procesos mentales más elaborados[6].

El cerebro interacciona con el resto del cuerpo y con el exterior mediante la médula espinal y los nervios conectados a esta[7]. Estos nervios pueden ser:

- Aferentes. Que reciben estímulos del interior y del exterior del cuerpo, y los hacen llegar hasta la médula, que los dirige hacia el cerebro.

- Eferentes. Que reciben de la médula espinal los impulsos que provienen del cerebro, y que terminan en algún músculo, accionándolo[8].

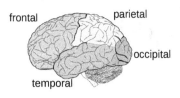

Ilustración 5: Los lóbulos cerebrales

---

6   Robert Jastrow lo llamó acertadamente *El Telar Mágico* en su célebre libro [Jastrow 1981].
7   También interactúa con el cuerpo mediante la segregación de hormonas. Este mecanismo no es de un interés inmediato en esta exposición.
8   También llegan fibras eferentes a glándulas. Como en la nota anterior, este mecanismo no es de un interés inmediato en esta exposición.

La división entre nervios aferentes y eferentes que hacen llegar o reciben respectivamente señales hacia o desde diversas zonas del cerebro, permite intuir el concepto de neuronas de entrada y de salida de información en el cerebro.

De hecho, se pueden localizar en diferentes partes del cerebro zonas encargadas de estas distintas funciones. Un ejemplo de neuronas de entrada es el área somatosensorial primaria, dentro del lóbulo parietal, responsable de recibir los estímulos correspondientes al tacto. Por otro lado, un ejemplo de neuronas de salida es la corteza motora, dentro del lóbulo frontal, responsable de emitir los movimientos voluntarios.

Aprendizaje

La forma en que unas neuronas están conectadas con otras constituye, sin duda, el fundamento de porqué el cerebro es capaz de realizar funciones tan tremendamente complejas. Una de las preguntas de mayor trascendencia es ¿cómo se construye este entramado cerebral?

Está comúnmente aceptado que el factor clave que guía esta construcción es la experiencia, es decir, los estímulos que, procedentes del exterior, ingresan en el cerebro.

Dentro del cerebro de un humano existen alrededor de 10^{11} neuronas, y cada axón puede tener sinapsis con otras 1000 neuronas, así que podría haber del orden de 10^{14} sinapsis.

En lo que respecta a las neuronas, de las 10^{11} con que normalmente se nace, al final de la vida suelen haber muerto[9] entre el 2 y el 3%.

En el caso de las sinapsis, al principio de la vida hay una proliferación de las mismas, hasta los 6 ó 12 meses de edad. Posteriormente se va produciendo una poda o supresión selectiva de las mismas, eliminando las menos eficaces para el desarrollo de las capacidades que se van adquiriendo.

Curiosamente, el proceso de aprendizaje parece estar fuertemente basado en lo que se destruye. El aprendizaje parece funcionar a base de distinguir lo que es útil de lo que no, destruyendo esto último.

Este fenómeno de adaptar el conexionado dentro del cerebro ayudándose de los estímulos externos se denomina *neuroplasticidad*.

Cabe reseñar ahora lo que parece ser una de las claves del desarrollo de la inteligencia en los humanos, claramente favorecido frente a otras especies. Al nacer, el cerebro humano es aproximadamente un cuarto de su tamaño adulto, que es una proporción inusualmente pequeña comparada con otros animales. Su proceso de maduración se produce bajo la estimulación del entorno, y esto dirige y potencia su desarrollo. A cambio, los humanos nacemos extremadamente indefensos a causa de este cerebro inmaduro[10].

---

9   La muerte celular (neuronas en este caso) que se refiere aquí está programada por el propio organismo, y se denomina *apoptosis*. Se contrapone a la *necrosis*, que es la muerte celular debida normalmente a alguna agresión externa.

10   *¿Cómo nos hicimos humanos?* del capítulo 1 de [Acarín 2001].

Complejidad

Cuando los científicos se plantean desentrañan las bases de funcionamiento del cerebro, deben enfrentarse a dos complejidades colosales:

La primera complejidad es debida a los mecanismos subyacentes, relativos al funcionamiento de las neuronas y sus estructuras relacionadas.

La segunda complejidad es debida al número, es decir a las implicaciones que tiene el funcionamiento de un sistema con un número tan astronómico de elementos (neuronas) y relaciones (sinapsis).

En cuanto a la complejidad debida a los mecanismos subyacentes

Esta complejidad tiene que ver con la comprensión de detalles extremadamente finos sobre el comportamiento de las neuronas, y con decidir cuáles de estos detalles son relevantes a efectos de construir un modelo capaz de imitarlas.

Las explicaciones que se han dado sobre el funcionamiento de los potenciales de acción es lo actualmente aceptado, y en el resto del texto se tomará como referencia.

Sin embargo, vale la pena indicar que este modelo es determinista[11], y existen hipótesis que señalan que algunas estructuras dentro de los axones, llamadas *microtúbulos*, estarían actuando como amplificadores de fenómenos cuánticos[12].

Esta teoría, de confirmarse, provocaría cambios importantes en la comprensión actual sobre el funcionamiento del cerebro. También significaría que los intentos de emularlo requerirían el desarrollo de otros modelos de computación que fuesen no deterministas.

En cuanto a la computación cuántica[13], actualmente está enfocada como una mejora cuantitativa y no cualitativa respecto a la computación clásica[14]. Esto significa que no hay ningún cálculo accesible a la computación cuántica que no lo sea a una máquina de Turing. Sin embargo sí que hay una diferencia cuantitativa muy drástica, ya que gracias al entrelazamiento cuántico hay problemas cuya complejidad algorítmica pasa de ser exponencial a ser lineal. Un procesador convencional podría ser más veloz en cada operación individual que un procesador cuántico, pero este último es capaz de resolver algunos cálculos con un número de operaciones muchos órdenes de magnitud inferiores, y por tanto en un tiempo mucho menor.

---

11 El determinismo científico nace con Laplace. En su obra [Laplace 1820] se puede leer "Para una tal inteligencia todo sería claro y cierto y tanto el futuro como el pasado estarían presentes". Aun cuando la teoría cuántica ha terminado con esta concepción del mundo, sigue teniendo gran arraigo la idea de que la física es una ciencia determinista.

12 [Penrose 1994].

13 Una referencia en el ámbito de la computación cuántica es [Nielsen and Chuang 2010].

14 El concepto de computabilidad y máquina de Turing va mucho más lejos del alcance de este texto. La referencia primordial para profundizar en él es [Turing 1936], aunque existe multitud de referencias más modernas basadas en esta.

En cuanto a la complejidad debida al número

Esta complejidad tiene que ver con la comprensión sobre el funcionamiento de sistemas intrincados y de lo que, durante cierto tiempo, vino llamándose *comportamientos emergentes*.

El funcionamiento de un número tan elevado de neuronas, conectadas de una manera tan masiva, ha hecho pensar que constituye la raíz de la complejidad del pensamiento y el comportamiento humanos[15].

Esta complejidad se multiplica si consideramos que dentro del cerebro se producen recurrencias en estas relaciones[16].

Como saben bien los expertos en análisis de sistemas, no hay nada que puedan producir más complejidad con menos recursos que un sistema recurrente o realimentado. Es decir, un sistema en el que parte de lo producido internamente contribuye de nuevo a la entrada del mismo.

El modelo biológico como inspiración

El modelo clásico de computación se basa en que una persona elabora la solución diseñando un algoritmo.

Un algoritmo es una secuencia de pasos que, infaliblemente, llevan a una solución del problema.

Para que esta persona alcance el éxito al elaborar el algoritmo, debe tener un conocimiento muy profundo de dicho problema y de las alternativas de solución.

Este esquema clásico es muy conveniente para problemas relativamente simples, cuyas condiciones iniciales están fuertemente estructuradas. Por ejemplo: ordenar una lista de números enteros.

Sin embargo, hay problemas que no se adaptan bien a este esquema. Por ejemplo: reconocer un rostro a partir de una imagen.

En este tipo de problemas, no existe un algoritmo que garantice la validez de la solución. Incluso puede ocurrir que tal algoritmo no exista; o que la complejidad del mismo sea inasequible, existiendo otros no tan buenos pero que ofrezcan un resultado aceptable.

Como intento de dar solución a estos problemas, e inspirándose en el modelo biológico sucintamente explicado[17], a partir de 1943[18] comienza el desarrollo de las redes neuronales.

---

15   Como fenómeno emergente de esta complejidad se plantea, incluso, la conciencia humana. Un intento notable de explicar la conciencia por esta vía la ofrece Daniel Dennet en [Dennett 1991].
16   [Damasio 1994].
17   El modelo biológico al que se hace referencia es el determinista, en contraposición al no determinista indicado en la página 8.
18   En breve se realizará un repaso de la historia de estos estudios. Baste decir de momento que este desarrollo se produjo gracias a múltiples aportaciones a lo largo de varios años.

Este técnica de resolver problemas[19] comparte, en sus múltiples variantes, los siguientes rasgos:

- Se basa en el uso de una gran cantidad de elementos, idénticos en su comportamiento, cada uno de los cuales desempeña una función simple. En el modelo biológico este papel lo desempeñan las neuronas.

- Existe una cantidad aun mayor de relaciones (o conexiones) entre los elementos anteriores. Estas relaciones pueden ser más o menos fuertes, y esta fortaleza influyen en la forma en que actúan estas relaciones. En el modelo biológico este papel lo desempeñan las sinapsis.

- Estos sistemas son capaces de modificarse internamente cuando son expuestos a experiencias; sobre todo en lo relativo a la fortaleza de las relaciones. En este proceso se lleva a cabo un aprendizaje. En el modelo biológico este papel lo desempeña la neuroplasticidad.

En lo que sigue, al hablar de redes neuronales artificiales, se conservarán, como es comúnmente aceptado, los términos de *neurona* y *sinapsis*. En el caso de la neuroplasticidad, sin embargo, se hablará de *proceso de aprendizaje* o *entrenamiento*.

Referido ahora a la ilustración 6, en las redes neuronales artificiales, se suelen representar las neuronas mediante círculos, y las sinapsis mediante flechas. Las neuronas tienen alguna clase de estado interno, que suele representarse mediante un número real. En cuanto a las sinapsis, el sentido de la flecha señala de qué manera se produce la influencia, es decir, la neurona origen de una flecha influye de alguna manera en el estado de la neurona fin de la misma.

En las redes neuronales artificiales, el papel desempeñado por las neuronas suele repartirse en tres roles: neuronas de entrada, donde se aplica un estímulo, neuronas de salida, donde se evalúa una respuesta, y neuronas internas, que realizan cálculos intermedios.

Lo que se espera en una red neuronal es que la enorme cantidad de relaciones (sinapsis) entre una gran cantidad de elementos simples (neuronas) dé lugar a un cálculo de extraordinaria complejidad, no asequible con otras técnicas. Uno de los varios precios que se pagan por ello es que el conocimiento del problema y su solución resi-

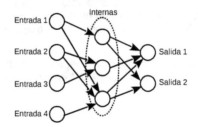

Ilustración 6: Las redes neuronales artificiales se
inspiran en el modelo biológico

---

19   Las redes neuronales artificiales, aunque son por sí mismas una rama dentro de la computación, pueden considerarse una faceta de un concepto más amplio llamado *conectivismo*. La idea central es que el conocimiento es un conjunto de relaciones entre entidades que pueden ser de naturaleza muy diversa ([Downes 2012]). En el caso presente estas entidades son las neuronas, biológicas o artificiales.

de en la propia red, y se engendra durante el proceso de aprendizaje. La persona que diseña y entrena la red queda, en general, completamente ignorante de este conocimiento.

En definitiva, se puede alcanzar la solución de un problema sin comprenderlo completamente.

El párrafo anterior contiene la esencia del porqué es interesante el uso y la investigación en redes neuronales.

Como se ha dicho con anterioridad, las redes neuronales encuentran su inspiración en el modelo biológico, ya revisado. Un factor fundamental para que esta inspiración sea fértil es el poder distinguir qué elementos del hecho biológico son aprovechables para el modelo artificial, y qué elementos son fruto de los condicionantes externos, o incluso resultado del puro azar.

Hay que considerar que la naturaleza debe garantizar una continuidad en la evolución de las especies, es decir, tiene que encontrar un camino ininterrumpido de evoluciones genéticas que parta de un ser unicelular hasta un ser humano, cerebro incluido, asegurando la viabilidad, en términos de supervivencia, de todos los pasos intermedios. Muchos de estos pasos intermedios han dejado rastro genético y fenotípico en las especies hasta la actualidad. Estos rastros, muchas veces obsoletos y atrofiados, conviven con las características evolutivas más recientes, y que sí son esenciales para la especie[20].

Esta inconcebible dificultad no afecta, por fortuna, al modelo artificial, que puede ir directamente a inspirarse en lo sustancial y relevante del resultado final alcanzado por el modelo biológico.

Estos modelos artificiales se implementan normalmente con ayuda de un ordenador convencional, lo cual implica que hay dos diferencias inevitables, al menos por ahora[21], entre el modelo artificial y el biológico.

La primera diferencia es que el modelo biológico es analógico, y en un ordenador convencional el modelo es digital. Convenientemente manejado, esto no es más que una incomodidad necesaria, ya que normalmente un ordenador tiene una precisión suficiente para no llevar un cuidado excesivo en cuanto a la fidelidad con que imita cálculos analógicos. En los casos en que esto no sea así, como ocurre cuando se manejan números extremadamente grandes o pequeños (sobre todo esto último), existen técnicas que permiten igualmente seguir confiando en la simulación.

La segunda diferencia es que el modelo biológico realiza un cálculo masivamente paralelo, debido a que todas las neuronas y sinapsis están funcionando paralelamente y actúan de forma simultánea.

En los modelos artificiales, el cálculo se realiza secuencialmente. En cuanto a la equivalencia de los cálculos, se pueden aplicar algunas soluciones ingeniosas para que el modelo secuencial arroje el mismo resultado que un cálculo en paralelo. En cuanto a la potencia de cálculo, es indudable que la magnitud de la paralelización que ocurre en el modelo biológico es muy superior a la del modelo secuencial artificial; y esto se

---

20   [Dawkins 1982].
21   Como ya se ha dicho, las investigaciones sobre el cerebro como amplificador de fenómenos cuánticos pueden suponer cambios importantes en los modelos que aspiren a imitar el modelo biológico.

traduce en tiempos de cálculo muy diferentes.

Se considera habitualmente que los ordenadores modernos son rápidos, pero esto es sólo cierto para aquellas tareas en las que el procesamiento en secuencia no representa una desventaja importante.

Es cierto que un ordenador será más veloz que una persona calculando un logaritmo, por muy entrenada que esté esta última. Pero si se trata de entender un texto escrito en lenguaje natural, que para una persona es una tarea trivial, para un ordenador esta tarea, caso de ser posible, probablemente sea lenta.

Por estas razones, las redes neuronales, por un tiempo, van a seguir teniendo una frontera cuantitativa, en el sentido de cuántas neuronas y sinapsis se pueden manejar en un ordenador dentro de un tiempo razonable, difícil de romper.

Las propuestas históricas

Las matemáticas poseen no sólo la verdad, sino cierta belleza suprema. Una belleza fría y austera, como la de una escultura.

Bertrand Russell.

La neurona de McCulloch y Pitts

Históricamente, el primer intento de modelar el funcionamiento de una neurona bioló-gica lo realizaron Warren McCulloch y Walter Pitts en 1943 en un célebre artículo[22].

Intentaban comprender cómo el cerebro es capaz de tener comportamientos tan com-plejos con el único recurso de interconectar unidades muy simples entre sí, como son las neuronas.

Este modelo de neurona perdura hasta hoy, conviviendo con múltiples variantes.

El modelo de neurona de McCulloch y Pitts consiste en un sumatorio ponderado de sus entradas, seguido de una función no lineal, consistente en el cálculo de un um-bral.

La matemática de este modelo de neurona se expresa de la siguiente manera[23]:

$$q = \sum_{k=1}^{n} x_k \cdot w_k + \theta \ , \quad z = \begin{cases} 1, q \geq 0 \\ 0, q < 0 \end{cases} \qquad \S(1)$$

A la primera expresión se la suele llamar *función de propagación*, y a la segunda, *fun-ción de activación* o *función de transferencia*.

Es buen momento para hacer una aclaración sobre la notación: se utilizará según convenga la notación w_i o w_{ji} para indicar el peso de las sinapsis. En la notación con un solo subíndice, el significado siempre será obvio. En la notación con dos subíndi-ces, el primer índice j hará referencia a la j-ésima neurona de destino, mientras que el segundo i hará referencia a la i-ésima neurona de origen respecto a la sinapsis

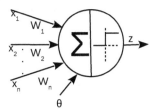

Ilustración 7: El modelo de neurona de McCulloch y Pitts

---

22   [McCulloch and Pitts 1943].
23   En la formulación original de McCulloch y Pitts el factor $+\theta$ del texto es en realidad $-\theta$ (tanto en el diagrama como en la fórmula). Se ha introducido esta variante en la exposición para facilitar la analogía con los modelos que luego se exponen, ya que ambas formulaciones son perfectamente equivalentes.

considerada.

Rigurosamente, las letras x e y se reservan para la entrada y salida de la red, respectivamente. Habrá algunas ocasiones en que se analizará el comportamiento de una neurona individual. En este último caso se designará las señales procedentes de otras neuronas con x, aunque no sea una neurona de entrada; y su respuesta se designará con z.

McCulloch y Pitts se imaginaban entramados de neuronas unidas entre ellas mediante sinapsis, al estilo de las neuronas biológicas. A cada una de estas sinapsis se le asigna una ponderación que determina cómo una neurona influye en otra, pudiendo ser esta influencia tanto positiva o excitatoria cuando $w_k>0$, como negativa o inhibitoria cuando $w_k<0$.

Estos entramados unen unas neuronas con otras, de forma que las salidas de unas son entradas de otras, salvo por aquellas neuronas que actúan como entrada o salida de la red.

Estos autores mostraron cómo podían realizarse diversos cálculos mediante el modelo descrito. Sin embargo, no llegaron a definir de qué manera los pesos w_k deben ser calculados para lograrlos, es decir, no ofrecen ningún método de aprendizaje para la red.

La regla de Hebb

La primera propuesta de regla de aprendizaje se debe a Donald Hebb en 1949[24]. La conocida como *Regla de Hebb* postula que cuando una neurona A propaga su excitación a través de una sinapsis a otra neurona B, si A y B se excitan frecuentemente de forma sincronizada, la sinapsis que hay entre ellas se refuerza, haciendo que la excitación de B dependa más intensamente de la de A. Por el contrario, si entre A y B no hay una correlación frecuente de excitaciones, la sinapsis entre ellas tiende a debilitarse, haciendo que el estado de B dependa cada vez menos de A. Toda la explicación anterior se sintetiza a menudo diciendo que "las neuronas que se excitan juntas, permanecen conectadas".

Curiosamente, Hebb enunció su regla anteriormente a tener una evidencia biológica de que fuese cierta. En todo caso, tal evidencia acabó llegando[25].

Aunque Hebb hizo su propuesta en el contexto de la psicobiología[26], este esquema de aprendizaje se ha utilizado frecuentemente como base de los algoritmos de entrenamiento de redes neuronales, aunque siempre en forma de alguna variante, ya que la formulación original de la Regla de Hebb es inestable, ya que tiende a asignar pesos exponencialmente crecientes o decrecientes a las sinapsis[27].

---

24 [Hebb 1949].
25 Capítulo 63 de [Kandel, Schwartz and Jessell 2000]. Mecanismos celulares de aprendizaje y sustrato biológico de la individualidad: En el almacenamiento a largo plazo de la memoria implícita para la sensibilización y el acondicionamiento clásico participa la vía de AMP-c-PKA-MAPK-CREB: La potenciación a largo plazo en la colateral de Schaffer y en las vías perforantes es asociativa.
26 La psicobiología estudia el comportamiento estrictamente a la luz de los hechos biológicos.
27 Una forma común de resolver esta inestabilidad es mediante la llamada *Regla de Oja*.

Referida a la ilustración 7, la medida en que un peso se modificaría según la Regla de Hebb sería $\Delta w_i = \eta x_i y$, donde η representa el ritmo de aprendizaje con $\eta \in (0,1)$.

El perceptrón

Cronológicamente hablando, el siguiente hito importante es el desarrollo del perceptrón, debido a Frank Rosenblatt en 1957[28].

El perceptrón es una red que utiliza como modelo de neurona el ya conocido de McCulloch y Pitts[29], y que consta de una capa de neuronas de entrada y otra de salida[30].

La innovación del perceptrón es que propone un algoritmo de aprendizaje o ajuste para los pesos.

El perceptrón parte de la base de que, en fase de aprendizaje, hay una colección de señales de entrada, cada una de las cuales se designa con x . Cada una de ellas se relaciona con una salida objetivo conocida t . Por último, la red es capaz de calcular una señal de salida real y para cada entrada. Todos estos elementos son vectores, cuyos componentes pueden designarse como x_k , t_k e y_k respectivamente.

Desde un punto de vista intuitivo, las máquinas como el perceptrón lo que hacen es representar en su salida diversos patrones. Muy frecuentemente cada componente del vector de salida es un patrón concreto. El cálculo que desarrollan intenta clasificar la señal de entrada a alguno de estos patrones en la salida.

En fase de aprendizaje, para cada entrada x , t toma los valores que significarían en las neuronas de salida una clasificación perfecta para el patrón en el que se encuadra x , constando habitualmente esta salida ideal de una neurona de salida totalmente excitada (valor 1) y el resto totalmente inhibidas (valor 0). Cuando la fase de entrenamiento termina, se espera del perceptrón que sea capaz de reproducir estas respuestas en presencia de las mismas entradas; incluso se espera que emita las respuestas y correctas frente a entradas que no ha visto en fase de aprendizaje.

De hecho, la clasificación por patrones es el problema primordial al que se aplican las redes neuronales. Directa o indirectamente, todos los planteamientos de resolución de problemas mediante redes neuronales terminan como una clasificación de patrones.

Si no ha tenido la sensación de que el párrafo anterior contiene una verdad profunda, por favor, léalo al menos una segunda vez.

---

28   [Rosenblatt 1962].

29   En realidad, sí hay una diferencia en el modelo de neurona, ya que el perceptrón considera como función de umbral $z = \begin{cases} 1, q > 0 \\ 0, q \leq 0 \end{cases}$. Comparada con la original de McCulloch y Pitts, el comportamiento para el valor 0 es diferente.

30   La capa de neuronas de entrada actúa como mero alimentador de señales binarias (0 ó 1), debido a que sólo reciben una contribución, x_n , sobre la que se aplica la función de umbral. A efectos prácticos, se puede considerar que la salida de la neurona n es x_n (si todavía alberga alguna duda de esto, revise la nota anterior). La capa de neuronas de salida sí actúa, en cambio, como un aglutinador de señales ponderadas por los pesos w_{ji} .

El algoritmo es el siguiente:

1 Repetir los siguiente con cada pareja $x^{(\tau)}$, $t^{(\tau)}$ hasta un límite de ciclos pre-fijado:

   1.1 Calcular la salida de la red, tal como está actualmente configurada, omitiendo la lógica de la función escalón:

$$y_k^{(\tau)} = \sum_{n=0}^{r} w_{kn}^{(\tau)} x_n^{(\tau)}$$

   Se considera que $w_{k0}^{(\tau)} \equiv \theta_k$ y $x_0^{(\tau)} \equiv 1$.

   1.2 Si el error medido como $\dfrac{1}{k}\sum_{k=1}^{s}\left|t_k^{(\tau)} - y_k^{(\tau)}\right|$ baja de un cierto umbral, salir del bucle.

   1.3 Calcular el nuevo valor de los pesos $w_{kn}^{(\tau+1)} = w_{kn}^{(\tau)} + \eta\left(t_k^{(\tau)} - y_k^{(\tau)}\right)x_n^{(\tau)}$, donde η representa el ritmo de aprendizaje, y suele cumplir $\eta \in (0,1)$.

La forma en que los pesos toman sus valores iniciales no es muy importante, al menos en principio[31], y pueden asignarse al azar.

El perceptrón despertó grandes expectativas, y está relacionado con otros trabajos relevantes, como Adaline[32] y Madaline[33].

El perceptrón intenta averiguar a qué patrón, de los que ha aprendido en su etapa de entrenamiento, se parece la señal de entrada[34]. Cuando un patrón es reconocido por la red, la componente de y que representa este patrón se excita con más intensidad que el resto de componentes: se evalúa a un valor mayor. Por contra, cuando todos los componentes de y toman valores similares, sin que destaque ninguno entre los demás, se interpreta que la red no es capaz de determinar el patrón de entrada. Desde luego, se producen toda clase de situaciones intermedias; como por ejemplo cuan-

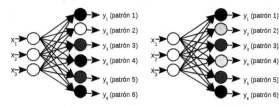 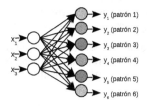

Ilustración 8: Un perceptrón reconociendo el patrón 2.

Ilustración 9: Un perceptrón *dudando* entre los patrones 2 y 4.

Ilustración 10: Un perceptrón incapaz de *ver* ningún patrón.

---

31   En el caso del perceptrón esta asignación inicial es relevante sólo a efectos del tiempo que la red tarda aprender, ya que la distancia vectorial que separa el valor inicial de los pesos de su valor final determina el tiempo que se tarda en alcanzar este último.

32   Adaline (Adaptative Linear Element) se debe a Bernie Widrow y Ted Hoff ([Widrow and Hoff 1960]). A pesar de que en las exposiciones (y esta no es excepción) siempre se presenta Adaline como una variante del perceptrón, ambos trabajos fueron simultáneos.

33   Madaline (Many Adaline) se describe en [Widrow and Winter 1988].

34   El término comúnmente aceptado en inglés para realizar esta clasificación por patrones es *clustering* (que muchas veces se hispaniza como *clusterización* o *análisis cluster*). En este texto, sin embargo, va a usarse el término *clasificación por patrones*, intentando ser respetuoso con el término correcto en español.

do dos patrones destacan entre los demás sin que ninguno de los dos sea claramente superior al otro. Algunas de estas situaciones quedan reflejadas en las ilustraciones 8, 9 y 10 (la claridad de la neurona de salida señala la intensidad de la excitación).

El perceptrón multicapa

En 1969 Marvin Minsky y Seymour Papert demostraron que el perceptrón es incapaz de separar dos patrones linealmente no separables[35].

Para apreciar esto, si se plantea un perceptrón sumamente simple, como el de la ilustración 12, esta máquina tendría éxito al aprender y clasificar los patrones del primer gráfico de la ilustración 11, pero no los del segundo.

En otras palabras, es posible encontrar para el primer gráfico una combinación de valores para $w_{1,1}$, $w_{1,2}$, $w_{2,1}$, $w_{2,2}$, θ_1 y θ_2 que exciten (asigne el valor 1) sólo a la salida y_1 para los x_1, x_2 del patrón 1, y que exciten sólo la salida y_2 para los x_1, x_2 del patrón 2.

Para el segundo gráfico, sin embargo, esto es imposible.

Esta imposibilidad se ve claramente si se considera sólo una salida, por ejemplo y_1 :

$$y_1 = \begin{cases} 1, w_{1,1}x_1 + w_{1,2}x_2 + \theta_1 > 0 \\ 0, en\,otro\,caso \end{cases}$$

Es claro que los valores 0 y 1 de y_1 están delimitados por una frontera $w_{1,1}x_1 + w_{1,2}x_2 + \theta_1 = 0$, que es una función lineal. Un razonamiento análogo se aplica a y_2 .

El ejemplo anterior, que evidencia el problema con una señal de entrada definida en un espacio bidimensional x_1, x_2 , es extrapolable a señales de entrada definidas en es-

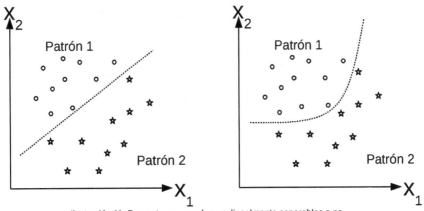

Ilustración 11: Dos patrones pueden ser linealmente separables o no

---

35   [Minsky and Papert 1969].

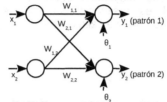

Ilustración 12: Un perceptrón sumamente simple

pacios n-dimensionales $x_1, x_2, \ldots, x_n$, en las cuales el perceptrón puede resolver problemas separables únicamente mediante hiperplanos.

Esta limitación del perceptrón es muy importante, porque casi todos los problemas interesantes no son linealmente separables.

Así mismo, Minsky y Papert indican que dicha limitación se resuelve:

1 Añadiendo capas internas al perceptrón, dando lugar al perceptrón multicapa.

2 Asegurando que la función de activación es no lineal.

Ambas condiciones son necesarias, ya que la mera introducción de capas internas, utilizando funciones de activación lineales, que equivale, en rigor, a no usar función alguna de activación, significa que la red sigue comportándose como un evaluador de funciones lineales, es decir, como un perceptrón simple.

En lo que sigue, salvo que se indique expresamente lo contrario, cuando se mencione el perceptrón multicapa se sobreentenderá que está dotado de funciones de activación no lineales.

Asegurando estas dos condiciones, los valores de salida expresan funciones no lineales, más complejas cuantas más capas internas tiene la red, permitiendo fronteras de

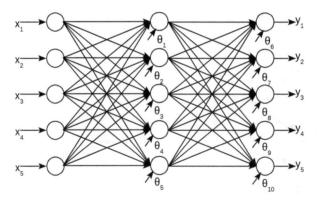

Ilustración 13: Perceptrón multicapa

separación entre patrones mucho más sofisticadas que los hiperplanos del percep-trón[36].

La mejora que supone el perceptrón multicapa trae consigo un problema nuevo: el algoritmo de aprendizaje conocido para el perceptrón no es aplicable.

El algoritmo de retropropagación

Hay que esperar hasta 1986 para conocer un algoritmo de aprendizaje con un rendimiento aceptable aplicable al perceptrón multicapa, este es el algoritmo de retropropagación[37]. Dicho algoritmo se debe a Rumerhalt, Hinton y Williams[38].

Antes de presentar la solución de estos autores, conviene un pequeño preámbulo.

Se supone una red, con un número de capas internas cualesquiera. Simplificando extremadamente la formulación del funcionamiento de la red, esta se puede representar como:

$$y = f(x)$$

en la que x representa una señal de entrada en forma de vector, f la transformación que aplica la red a esta entrada, e y la respuesta que realmente evalúa la red mediante f.

Puesto que en una fase de entrenamiento de la red lo normal es conocer la señal t de salida deseada para cada entrada, se puede caracterizar una señal de error como:

$$E = |y - t| = \sqrt{\sum_k (y_k - t_k)^2}$$

es decir, la distancia entre el vector que representa la salida real y el que representa la salida deseada[39].

Es evidente que una red bien entrenada aspira a que esta señal de error sea lo más pequeña posible, idealmente 0, para el mayor número posible de patrones y señales de entrada.

Dado que la red consta de una colección de pesos sinápticos w_{ji} que regulan su funcionamiento, la forma en que una modificación en estos pesos influye en la señal de error sería una buena referencia para saber cómo cambiar w_{ji} con objeto de reducir dicha señal de error, es decir:

---

36   Cuando se habla del *perceptrón* a secas se refiere a la versión original sin capas internas. El *perceptrón multicapa* es el que se refiere específicamente a la versión con capas internas. Es evidente que esta forma algo ambigua de nombrar estas dos arquitecturas se debe a razones históricas.

37   El término comúnmente aceptado en inglés es *Backpropagation*.

38   [Rumelhart, Hinton and Williams 1986]. Hay que recordar, sin embargo, que algoritmos similares fueron descubiertos con anterioridad por Paul J. Werbos en 1974 y David B. Parker en 1985.

39   En lugar de la indicada, frecuentemente se usa como señal de error a minimizar

$E = \dfrac{1}{2} \sum_k (y_k - t_k)^2$ que simplifica cálculos posteriores y tiene propiedades parecidas a la del texto.

$$\Delta w_{ji} = -\eta \frac{\partial E}{\partial w_{ji}} \qquad \S(2)$$

donde Δw_{ji} es la medida en que se debe modificar w_{ji} para reducir la señal de error E. η representa el ritmo al que se quiere hacer aprender a la red, y se suele cumplir que $\eta \in (0,1)$. El signo menos indica que se pretende evolucionar hacia la dirección decreciente de la derivada, es decir, a reducir la señal de error. Obsérvese que al caracterizar la señal de error como una distancia entre vectores, esta no puede ser negativa, con lo que cualquier decrecimiento es una reducción de la distancia entre la señal real y la deseada.

La fórmula $\S(2)$ encierra una conclusión importante: la función que implementa la red debe ser derivable con respecto a los w_{ji}. Esto es con el objeto de que tal derivada pueda guiar el proceso de aprendizaje.

En el caso del perceptrón, la función escalón, que no es derivable, no molesta en la fase de aprendizaje, que se desarrolla confortablemente en el ámbito del cálculo de funciones lineales. Esta función sólo entra en juego en la evaluación real de la red ya entrenada, con el objetivo de forzar respuestas de tipo binario en cada una de las salidas. Sin embargo, en el caso del perceptrón multicapa la función de activación está embebida en el funcionamiento de cada neurona que no sea de entrada. Es por este motivo que la no derivabilidad de esta función se convierte en un escollo importante para poder aplicar $\S(2)$.

La forma en que se salva este inconveniente es encontrando una función de activación parecida a un escalón, no lineal[40] y derivable. Usualmente, esta función es la sigmoide, formulada de la siguiente manera:

$$sigmoide(x) = \frac{1}{1+e^{-x}}$$

Cuya representación gráfica se ve en la ilustración 14.

Como puede apreciarse, tiene un cierto parecido con la función escalón, pero es derivable.

En este momento ya se tiene una formulación para evaluar los estados de neuronas para perceptrones multicapa, que es parecida a $\S(1)$ y que da lugar a funciones de evaluación derivables:

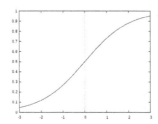

Ilustración 14: La función sigmoide

---

40   Hay que recordar la segunda condición indicada en la página 18.

$$q=\sum_{k=1}^{n} z_k \cdot w_k + \theta \ , \quad z=\frac{1}{1+e^{-q}}$$

Donde z_k son las salidas provenientes de otras neuronas, que pueden ser o no de la capa de entrada, mientras que z es la respuesta emitida por la neurona considerada.

Suele considerarse que $w_0 \equiv \theta$ y $z_0 \equiv 1$ con lo que la expresión queda como

$$q=\sum_{k=0}^{n} z_k \cdot w_k \ , \quad z=\frac{1}{1+e^{-q}} \qquad \text{§(3)}$$

Existe un modo trivial de evaluar el diferencial de §(3) con el fin de calcular sobre este §(2).

En general, existe un modo trivial de evaluar numéricamente el diferencial de cualquier función mediante el *sistema de perturbaciones*[41].

Si se tiene una función $f(x)$ sobre la que se quiere evaluar $\dfrac{\partial f(x)}{\partial x}$ para un cierto valor de x , se puede calcular una aproximación[42] de este diferencial como

$$\frac{f\left(x+\frac{\delta}{2}\right)-f\left(x-\frac{\delta}{2}\right)}{\delta}$$

La aproximación es tanto más cercana al valor real de la derivada cuanto más pequeño[43] sea $|\delta|$.

Este sistema es de aplicación para calcular §(2) para todos los pesos de una red.

Lamentablemente, la complejidad computacional de aplicar este sistema de cálculo es $O(n^2)$ con relación al número de sinapsis. Esto quiere decir que la cantidad de cálculos necesarios para completar un ciclo de aprendizaje en una red neuronal crece proporcionalmente al cuadrado del número de sinapsis. Dicho de otro modo, el número de cálculos necesarios crece geométricamente.

Computacionalmente hablando, una complejidad $O(n^2)$ hace impracticable la solución a partir de un número de sinapsis relativamente bajo.

La gran aportación por parte de Rumerhalt, Hinton y Williams fue el descubrir un algoritmo equivalente cuya complejidad es $O(n)$, es decir, con una complejidad lineal.

Para la explicación del algoritmo, se supondrá una notación como la fijada en las ilustraciones 15 y 16.

---

41 Originalmente llamado *node perturbation* en inglés ([Jabri and Flower 1992]).

42 Es frecuente que la siguiente expresión se escriba con la forma $\dfrac{f(x+\delta)-f(x)}{\delta}$. Si se considera el límite cuando $\delta \to 0$, ambas expresiones son equivalentes siempre que f sea continua y derivable. En el caso de que el enfoque no sea analítico, sino numérico, la expresión del texto ofrece, en el caso general, algo más de precisión.

43 Dado que este sistema tiene utilidad en cálculos por ordenador, aunque el valor de $|\delta|$ debe ser muy pequeño, no debe serlo tanto para que plantee problemas de precisión en la representación digital de números con coma flotante.

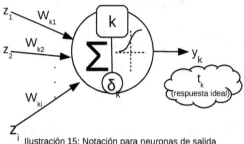

Ilustración 15: Notación para neuronas de salida

El algoritmo es el siguiente[44]:

1 Repetir lo siguiente con parejas $x^{(\tau)}$, $t^{(\tau)}$ hasta un número de ciclos prefijado:

1.1 Exponer la red a la señal de entrada x y evaluarla para cada neurona según §(3) para obtener y.

1.2 Calcular el error $E=|y-t|$. Si se cumple algún criterio prefijado a lo largo de un número también prefijado de ciclos, salir del bucle.

1.3 Calcular $\delta_k=g'(a_k)\dfrac{\partial E}{\partial y_k}$ para cada neurona que está en la capa de salida. Donde $a_k=\sum_i w_{ki}z_i$ y g' la derivada de la función de activación.

1.4 Calcular $\delta_j=g'(a_j)\sum_{k=1}^{c} w_{kj}\delta_k$ para el resto de neuronas. Donde $a_j=\sum_i w_{ji}z_i$ y g' la derivada de la función de activación.

1.5 Calcular para cada sinapsis $\dfrac{\partial E}{\partial w_{ji}}=\delta_j z_i$

1.6 Aplicar §(2) para calcular $\Delta w_{ji}=-\eta\dfrac{\partial E}{\partial w_{ji}}$

1.7 Calcular los nuevos $w_{ji}^{(\tau+1)}=\Delta w_{ji}+w_{ji}^{(\tau)}$

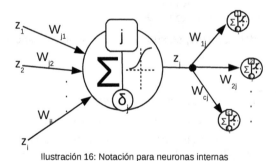

Ilustración 16: Notación para neuronas internas

---

44 Una excelente referencia sobre este algoritmo y las redes neuronales en general es [Bishop 1995].

Al contrario que en el perceptrón, en el caso del perceptrón multicapa la elección de los valores iniciales de los pesos de las sinapsis puede determinar los valores finales en que estos acaban. La razón es que aunque ambas versiones del perceptrón buscan de un modo u otro minimizar la función de error, en el caso del perceptrón multicapa esta función es no lineal, con lo que puede tener mínimos locales. Si los valores iniciales de los pesos están cerca de uno de estos mínimos locales, el algoritmo de aprendizaje lo encontrará y se estabilizará en él, ignorando que quizá existan otros mínimos locales menores o incluso globales en otras zonas de valores de los w_{ji}. En el caso del perceptrón simple, un mínimo local necesariamente es global.

El modelo multiplicativo de neurona

En 1992 Christof Kosh y Tomaso Poggio propusieron que un modelo multiplicativo de neurona se aproximaría más al comportamiento biológico real[45]. Mostraron casos en los cuales de un modo u otro se produce en las neuronas biológicas operaciones semejantes a multiplicaciones, y muy distintas a una suma de señales.

Como se explica en [Yadav 2006], en el MNM[46] el cálculo que sustituye a la primera de las dos expresiones en §(1) es:

$$q=\prod_{i=1}^{n}(w_i x_i+\theta_i) \qquad \text{§(4)}$$

Donde se ve claramente que cada sinapsis posee su propio peso w_i, como es conocido del modelo de McCulloch y Pitts, pero también su propio θ_i, que ya no está asociado a la neurona.

Este modelo está mucho más próximo a lo señalado por Kosh y Poggio.

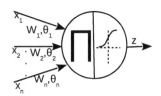

Ilustración 17: Modelo multiplicativo de neurona

---

45   [Kosh and Poggio 1992] En su capítulo 12: Multiplying With Sinapses and Neurons.
46   MNM: *Multiplicative Neuron Model*.

Epílogo

La revisión que se ha hecho sobre las propuestas históricas es, sin duda, incompleta. Faltaría señalar hitos tan importantes como las memorias asociativas, las redes de Hopfield o las redes de Kohonen[47].

Estas omisiones han sido deliberadas, ya que no son de relevancia para la siguiente parte del texto, en la que se expone la propuesta de ABBANN para redes neuronales.

La propuesta de ABBANN implica tanto aspectos del modelo de neurona como aspectos topológicos de la red. Algunos de estos aspectos son más originales que otros con relación a las aportaciones de otros autores.

Puede decirse que el modelo de ABBANN es una evolución sobre el perceptrón multicapa y el modelo multiplicativo de neurona.

---

47   Todos estos modelos se pueden revisar en [Rojas 1996].

La matemática de ABBANN

La belleza del fruto está en
proporción del tiempo que transcurre
entre la semilla y la recolección.
John Ruskin.

Las tres funciones

ABBANN propone algunas modificaciones sobre el esquema del perceptrón multicapa y el MNM.

Como se ha indicado a partir de §(1), suele distinguirse entre la función de propagación y la función de activación.

Con el único ánimo de mejorar la exposición, dentro de la función de propagación se distinguirá a partir de ahora entre la *función sináptica* y la *función de agregación*. La función de activación queda con el mismo nombre y significado que anteriormente. Todo esto se aprecia en la ilustración 18 sobre el modelo de McCulloch y Pitts.

La función sináptica es la que caracteriza la transformación que sufre la señal de salida de una neurona sólo por transmitirse a través de la sinapsis hasta la neurona destino.

La función de agregación es la que combina en un solo resultado los valores obtenidos de las funciones sinápticas.

La función de activación recoge este último valor y lo transforma para introducir la no linealidad necesaria referida en la página 18. Históricamente, esta función también asegura que el resultado se ajusta a un rango de valores concreto, típicamente $[0,1]$, aunque en el caso de ABBANN esto no es preciso, como se verá más adelante.

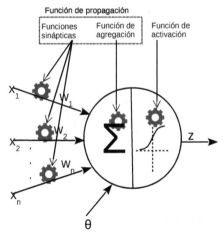

Ilustración 18: Las tres funciones sobre el modelo de neurona de McCulloch y Pitts

Según el esquema anterior, el modelo §(3) quedaría expresado del siguiente modo[48]:

$$p_i = x_i \cdot w_i \ , \quad q = \sum_{i=0}^{n} p_i \ , \quad z = \frac{1}{1+e^{-q}} \tag{§(5)}$$

En los epígrafes siguientes se analizarán las formas que toman en el caso de ABBANN estas funciones, combinándolas finalmente en un solo modelo.

La función sináptica

El enfoque clásico de redes neuronales, como se ha explicado en el capítulo anterior, considera que las sinapsis que unen dos neuronas viene caracterizado por un peso.

Estos pesos w_{jk} son multiplicados por los estados z_k de excitación de sus neuronas origen, y estos productos, a su vez, son sumados entre ellos y con un factor independiente, asociado a cada neurona θ_j. Tras aplicar la función de activación, resulta finalmente en el valor z_j que se busca para esta neurona.

Este enfoque evolucionó posteriormente hacia el modelo multiplicativo, en el cual los estados origen z_k se ven modificados por funciones lineales asociadas a las sinapsis, que vienen caracterizadas por w_{jk} y θ_{jk}, para luego ser multiplicadas entre sí como se indica en §(4).

En la propuesta de ABBANN, los estados de las neuronas se interpretan como probabilidades de que estén excitadas. Como tales probabilidades, sus estados están acotados dentro del intervalo $[0,1]$:

$$z_k \in [0,1]$$

En coherencia con este planteamiento, los pesos de las sinapsis son, realmente, funciones de transformación sobre estas probabilidades, que es justamente lo propuesto por el MNM. Estas funciones son lineales. Como cualquier función lineal, necesitan fijar dos parámetros para su definición completa, como su pendiente y su factor independiente:

$$f(x) = \alpha \cdot x + \beta$$

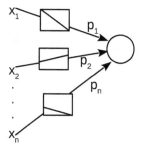

Ilustración 19: Enfoque de ABBANN en cuanto a la función sináptica

---

48   Aquí se ha considerado que $x_0 \equiv 1$ y $w_0 \equiv \theta$.

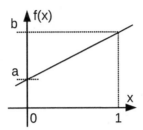

Ilustración 20: f(x) = (b-a)x+a, ya que f(0)=a y f(1)=b

Esta función, como se ve en la ilustración 20, se puede caracterizar como:

$$f(x)=(f(1)-f(0))\cdot x+f(0)$$

En el caso actual, esta última representación es más conveniente, porque se puede garantizar que si $f(0)\in[0,1]$ y $f(1)\in[0,1]$ entonces $f(x)\in[0,1]$ para $x\in[0,1]$. Precisamente esto es lo que interesa si lo que se pretende es convertir probabilidades a probabilidades, es decir, estados de neuronas a entradas de otras neuronas, que deben funcionar como probabilidades.

Ya no se puede hablar de sinapsis excitatorias o inhibitorias en términos absolutos. Sí se puede hablar de sinapsis que, frente a unos ciertos valores de entrada se comportan excitatoriamente (zona sombreada en la ilustración 21), ya que impulsan a la neurona destino a excitarse en lugar de inhibirse. Por contra, frente a otros valores de entrada impulsaría a dicha neurona a inhibirse en lugar de a excitarse.

Es decir, la sinapsis actúa excitatoriamente frente a un estado cuando convierte este a un valor $f(x)>\frac{1}{2}$, y actúa inhibitoriamente cuando $f(x)<\frac{1}{2}$. Cuando $f(x)=\frac{1}{2}$ la sinapsis no actúa ni excitatoria ni inhibitoriamente.

En este momento, se dispone de una serie de probabilidades de excitación que atacan como entrada a una neurona en cuestión, obsérvese que se ha quedado por el camino el concepto de bias, representado por θ en el perceptrón multicapa, inútil a estas alturas, ya que cada sinapsis tiene su propio factor independiente al ser una función lineal completa.

La primera de las tres expresiones de §(5) en el modelo de ABBANN queda como

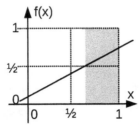

Ilustración 21: En el enfoque de ABBANN, las sinapsis pueden tener zona excitatoria e inhibitoria

$$p_k = (b_k - a_k) \cdot x_k + a_k \qquad \S(6)$$

Donde x_k es el valor proveniente de la neurona origen, y a_k y b_k actúan como constantes que definen la función sináptica como función lineal de forma que $p_k = a_k$ cuando $x_k = 0$ y $p_k = b_k$ cuando $x_k = 1$. Es decir, a_k y b_k son los valores en 0 y 1 respectivamente de la función sináptica.

En ocasiones, §(6) se reformulará como

$$p_{jk} = (b_{jk} - a_{jk}) \cdot z_k + a_{jk} \qquad \S(7)$$

Enfatizando en esta última forma el contexto global de la función sináptica dentro de la red, esto es, señalando claramente que los parámetros k y j identifican a las neuronas origen y destino respectivamente, que z_k es el valor evaluado por la neurona origen, y que es la entrada de la función sináptica.

Finalmente, en lo que sigue se conocerán dos patrones de funciones sinápticas con un nombre especial, denominados *función identidad* y *función neutra*. Estas funciones se aprecian en las ilustraciones 22 y 23. Por extensión, también se hablará en estos casos de *sinapsis identidad* o de *sinapsis neutras*.

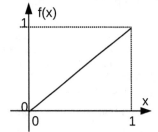

Ilustración 22: Función sináptica identidad

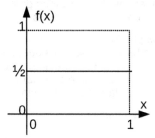

Ilustración 23: Función sináptica neutra

La función de agregación

En el esquema clásico, la función de agregación se resuelve mediante un sumatorio, como puede apreciarse en la segunda expresión de §(5). En el MNM se resuelve mediante un multiplicatorio, como se ve en §(4).

La propuesta de ABBANN consiste en:

$$q = \frac{\prod_{k=1}^{n} p_k}{\prod_{k=1}^{n} p_k + \prod_{k=1}^{n} (1 - p_k)} \qquad \S(8)$$

Donde p_k representa la aportación de cada una de las k sinapsis que llegan a la neurona, es decir, la evaluación de cada una de las k funciones sinápticas.

Esta fórmula tiene varias virtudes, que se analizan a continuación.

En lo que sigue, se supone que se añade la probabilidad P_n a otras $p_1, p_2, \ldots, p_{n-1}$ probabilidades ya acumuladas según la siguiente reformulación:

$$\frac{\displaystyle\prod_{k=1}^{n-1} p_k \cdot p_n}{\displaystyle\prod_{k=1}^{n-1} p_k \cdot p_n + \prod_{k=1}^{n-1} (1-p_k)\cdot(1-p_n)}$$

Para simplificar las expresiones que siguen, se establece

$$A \equiv \prod_{k=1}^{n-1} p_k \quad , \quad B \equiv \prod_{k=1}^{n-1} (1-p_k)$$

quedando la expresión como

$$\frac{A\cdot p_n}{A\cdot p_n + B\cdot(1-p_n)} \qquad\qquad §(9)$$

equivalente a

$$\frac{A}{A+B\cdot\dfrac{1-p_n}{p_n}}$$

La relación entre $\dfrac{A}{A+B\cdot\dfrac{1-p_n}{p_n}}$ y $\dfrac{A}{A+B}$, es decir, la relación entre el valor de las pro-

babilidades combinadas incorporando p_n al cálculo respecto al valor anterior a esta

incorporación, depende claramente del factor $\dfrac{1-p_n}{p_n}$.

Concretamente:

- Si $p_n > \dfrac{1}{2}$ entonces $\dfrac{1-p_n}{p_n} < 1$, y esto implica que $\dfrac{A}{A+B\cdot\dfrac{1-p_n}{p_n}} > \dfrac{A}{A+B}$, que

  significa que el impacto de esta sinapsis en el estado global de la neurona es excitatorio, o, dicho de otro modo, la probabilidad de excitación de la neurona es mayor al tener en cuenta la influencia de esta sinapsis.

- Análogamente, si $p_n < \dfrac{1}{2}$ entonces $\dfrac{1-p_n}{p_n} > 1$, y esto implica que

  $\dfrac{A}{A+B\cdot\dfrac{1-p_n}{p_n}} < \dfrac{A}{A+B}$, que significa que el impacto de esta sinapsis en el esta-

  do global de la neurona es inhibitorio, o, dicho de otro modo, la probabilidad de excitación de la neurona es menor al tener en cuenta la influencia de esta sinapsis.

- En caso de que $p_n = \dfrac{1}{2}$ entonces $\dfrac{1-p_n}{p_n} = 1$, y esto implica que

$$\dfrac{A}{A+B \cdot \dfrac{1-p_n}{p_n}} = \dfrac{A}{A+B}$$, que significa que no existe impacto de esta sinapsis en el estado global de la neurona, o, dicho de otro modo, la probabilidad de excitación de la neurona es la misma antes y después de tener en cuenta la influencia de esta sinapsis.

Vale la pena ahora estudiar el comportamiento de esta fórmula frente al hecho de que se compongan con ella probabilidades iguales a 0 (imposibilidad) o a 1 (certeza).

Expandiendo la fórmula de composición de probabilidades se tiene:

$$\dfrac{\displaystyle\prod_{k=1}^{n} p_k}{\displaystyle\prod_{k=1}^{n} p_k + \prod_{k=1}^{n}(1-p_k)} = \dfrac{p_1 \cdot p_2 \cdot \ldots \cdot p_k \cdot \ldots \cdot p_n}{p_1 \cdot p_2 \cdot \ldots \cdot p_k \cdot \ldots \cdot p_n + (1-p_1) \cdot (1-p_2) \cdot \ldots \cdot (1-p_k) \cdot \ldots \cdot (1-p_n)}$$

Si uno de los factores $p_k = 0$, no habiendo ningún otro factor $p_j = 1$:

$$\dfrac{p_1 \cdot p_2 \cdot \ldots \cdot 0 \cdot \ldots \cdot p_n}{p_1 \cdot p_2 \cdot \ldots \cdot 0 \cdot \ldots \cdot p_n + (1-p_1) \cdot (1-p_2) \cdot \ldots \cdot 1 \cdot \ldots \cdot (1-p_n)} = \dfrac{0}{(1-p_1) \cdot (1-p_2) \cdot \ldots \cdot (1-p_n)} = 0$$

Informalmente, esto puede interpretarse como "*Si una de las sinapsis indica, en términos de probabilidad, la imposibilidad, y no existe otra que indique certeza, el estado de la neurona influenciada por ella es, a su vez, el suceso imposible; indicado como probabilidad = 0*".

Análogamente, Si uno de los factores $p_k = 1$, no habiendo ningún otro factor $p_j = 0$:

$$\dfrac{p_1 \cdot p_2 \cdot \ldots \cdot 1 \cdot \ldots \cdot p_n}{p_1 \cdot p_2 \cdot \ldots \cdot 1 \cdot \ldots \cdot p_n + (1-p_1) \cdot (1-p_2) \cdot \ldots \cdot 0 \cdot \ldots \cdot (1-p_n)} = \dfrac{p_1 \cdot p_2 \cdot \ldots \cdot p_n}{p_1 \cdot p_2 \cdot \ldots \cdot p_n} = 1$$

Informalmente, esto puede interpretarse como "*Si una de las sinapsis indica, en términos de probabilidad, la certeza, y no existe otra que indique imposibilidad, el estado de la neurona influenciada por ella es, a su vez, el suceso seguro; indicado como probabilidad = 1*".

En el caso más general, como se ve en la ilustración 24, puede ocurrir que se agreguen factores dentro de los cuales convivan un número c de ceros y un número d de unos. Intuitivamente esto significa que hay sinapsis que expresan certeza de verdad y otras que expresan certeza de falsedad sobre el estado de excitación de la misma neurona:

$$\dfrac{p_1 \cdot p_2 \cdot \ldots \cdot 0 \cdot 0 \cdot \ldots \cdot 0 \cdot 1 \cdot 1 \cdot \ldots \cdot 1 \cdot p_n}{p_1 \cdot p_2 \cdot \ldots \cdot 0 \cdot 0 \cdot \ldots \cdot 0 \cdot 1 \cdot 1 \cdot \ldots \cdot 1 \cdot p_n + (1-p_1) \cdot (1-p_2) \cdot \ldots \cdot 1 \cdot 1 \cdot \ldots \cdot 1 \cdot 0 \cdot 0 \cdot \ldots \cdot 0 \cdot (1-p_n)}$$

que resulta en una indeterminación del tipo $\dfrac{0}{0}$.

Por fortuna, esta indeterminación es resoluble mediante cálculo de límites.

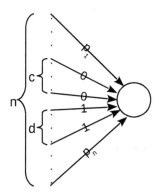

Ilustración 24: Potencialmente la función de agregación
se enfrenta a la convivencia de factores 0 y 1

Ahora se considerará que $A \equiv \prod_{k=1}^{n-1} p_k$ y $B \equiv \prod_{k=1}^{n-1} (1-p_k)$ para todos los $1 \neq p_k \neq 0$.

La expresión general que resulta de este caso es

$$\lim_{\substack{x \to 0 \\ y \to 1}} \frac{A \cdot x^c \cdot y^d}{A \cdot x^c \cdot y^d + B \cdot (1-x)^c \cdot (1-y)^d}$$

Si se considera que $y = 1 - x$, se obtiene

$$\lim_{x \to 0} \frac{A \cdot x^c \cdot (1-x)^d}{A \cdot x^c \cdot (1-x)^d + B \cdot (1-x)^c \cdot (1-(1-x))^d}$$

que tras algunas manipulaciones y simplificaciones queda como

$$\lim_{x \to 0} \frac{A}{A + B \cdot x^{d-c}}$$

Frente a esta última expresión, puede ocurrir que:

- Si $c = d$ el valor resultante es $\dfrac{A}{A+B}$.

- Si $c < d$ el valor resultante[49] es 1.

- Si $c > d$ el valor resultante[50] es 0.

---

49 Hay que recordar que $\lim_{x \to 0} x^k$ con $k > 0$ es 0.

50 Hay que recordar que $\lim_{x \to 0} x^k$ con $k < 0$ es 1.

También puede suceder que el número de probabilidades a combinar sea[51] 0. En tal caso:

$$q = \frac{\prod\limits_{k=1}^{n} p_k}{\prod\limits_{k=1}^{n} p_k + \prod\limits_{k=1}^{n} (1-p_k)} \overset{n=0}{\Rightarrow} q = \frac{1}{1+1} = \frac{1}{2}$$

En definitiva, a la hora de evaluar §(8) hay que tener en cuenta que:

- Si el número de factores p_k es 0, la evaluación es $\frac{1}{2}$.

- Si el número de factores p_k iguales a 0 es superior a los iguales a 1, la evaluación es 0.

- Si el número de factores p_k iguales a 0 es inferior a los iguales a 1, la evaluación es 1.

- Si no se produce ninguno de los casos anteriores, es decir, si el número de factores p_k iguales a 0 es el mismo a los iguales a 1 (que incluye el caso de que el número de ambos sea 0), y hay al menos un factor p_k , §(8) se puede evaluar normalmente excluyendo de esta evaluación los factores 0 y 1.

Otra forma de sintetizar lo anterior es diciendo que los factores 0 se anulan con los 1 y viceversa. En este proceso de anulación, si los factores 0 *vencen a* (es decir, *son más numerosos que*) los factores 1, la evaluación de la expresión general se decanta a 0, sin importar el resto de factores. Análogamente ocurre si los factores 1 son los mayoritarios. En caso de que se produzcan en igual número, el resultado de la evaluación no será ni 0 ni 1, sino algún valor intermedio.

Recuperando §(9), antes de la incorporación a la misma de p_n , la probabilidad calculada es $q_{n-1} = \frac{A}{A+B}$, tras algunas manipulaciones se obtiene $B = (\frac{1}{q_{n-1}} - 1) \cdot A$. Al Incorporar p_n a q_{n-1} se obtiene $q_n = \frac{A \cdot p_n}{A \cdot p_n + B \cdot (1 - p_n)}$. Sustituyendo en esta última expresión B por $(\frac{1}{q_{n-1}} - 1) \cdot A$ resulta $q_n = \frac{A \cdot p_n}{A \cdot p_n + (\frac{1}{q_{n-1}} - 1) \cdot A \cdot (1 - p_n)}$, y tras algunas simplificaciones:

$$q_n = \frac{q_{n-1} \cdot p_n}{2 \cdot q_{n-1} \cdot p_n - q_{n-1} - p_n + 1} \qquad \text{§(10)}$$

Esta última expresión expresa cómo afecta en la función de agregación al resultado final q_n la incorporación de un nuevo valor p_n al calculado hasta el momento q_{n-1} . Su representación gráfica se ve en la ilustración 25.

---

51 Esta situación se corresponde con el caso de neuronas que carecen de sinapsis de entrada. En lo que sigue se consideran neuronas internas y de salida; para las neuronas de entrada se considera que su estado está forzado aunque carezca de sinapsis de entrada.

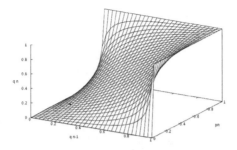

Ilustración 25: q_n en función de q_{n-1} y de p_n

Si se considera en §(10) q_{n-1} como una constante, se tendría para cada valor posible de esta una función de una sola variable p_n . Es decir, se tendría una colección de funciones que se pueden denotar como $f_{q_{n-1}}(p_n)$. Todas estas funciones son no lineales para todos los valores de $q_{n-1} \in (0,\frac{1}{2}) \cup (\frac{1}{2},1)$. Dicho de otro modo, las únicas funciones lineales para $q_{n-1} \in [0,1]$ son[52] $f_0(p_n)=0$, $f_{\frac{1}{2}}(p_n)=p_n$ y $f_1(p_n)=1$. Es en este sentido en el que se puede decir que la función de agregación propuesta por ABBANN es no lineal.

En la ilustración 26 se puede ver la representación de $f_{q_{n-1}}(p_n)$ para algunos q_{n-1} escogidos. En el caso de $f_{\frac{1}{2}}(p_n)$, se ve claramente la linealidad de la función.

Considerando todo lo anterior, la función de agregación §(5) quedaría caracterizada como §(8), que se repite a continuación.

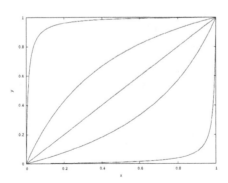

Ilustración 26: Algunas representaciones de $f_{q_{n-1}}(p_n)$ con
q_{n-1} = 0.01, 0.25, 0.5, 0.75 y 0.99.

---

[52] $f_0(p_n)$ y $f_1(p_n)$ son funciones lineales para $p_n \in (0,1)$. Esto no quita que la primera tienen una singularidad para $p_n=1$ y la segunda para $p_n=0$.

$$q = \frac{\displaystyle\prod_{k=1}^{n} p_k}{\displaystyle\prod_{k=1}^{n} p_k + \prod_{k=1}^{n}(1 - p_k)} \qquad \S(11)$$

La función de activación

Anteriormente se ha indicado que es frecuente utilizar como función de activación la sigmoide. Esta función, expresada como $g(x) = \frac{1}{1 + e^{-x}}$, tiene varias propiedades que la hacen interesante en las propuestas históricas:

- $g(-\infty) = 0$

- $g(+\infty) = 1$

- $g(0) = \frac{1}{2}$

- $\frac{\partial g(-\infty)}{\partial x} = 0$

- $\frac{\partial g(+\infty)}{\partial x} = 0$

- Es monótona no decreciente, continua y derivable en $x \in (-\infty, +\infty)$.

- La pendiente de la curva es regulable.

En cuanto al último punto, la regulación se consigue multiplicando el exponente por alguna constante: $g(x) = \frac{1}{1 + e^{K \cdot (-x)}}$. Cuanto mayor es K, más pronunciada es la curva. A este factor se le suele llamar *temperatura*.

Como se ve en la ilustración 14, esta función tiene una forma de S característica.

En el caso de ABBANN, la salida de la función de agregación se mueve dentro del intervalo $[0,1]$, dado que se interpreta como funciones de probabilidad. Si se equiparan las propiedades anteriores, válidas en $(-\infty, +\infty)$, al intervalo $[0,1]$, lo que se busca es una función que cumpla:

- $g(0) = 0$

- $g(1) = 1$

- $g(\frac{1}{2}) = \frac{1}{2}$

- $\frac{\partial g(0)}{\partial x} = 0$

- $\dfrac{\partial g(1)}{\partial x}=0$

- Que sea monótona no decreciente, continua y derivable en $[0,1]$.

- Que la pendiente de la curva sea regulable.

Todos estos criterios salvo dos se pueden conseguir fácilmente como variación de la función sigmoide, ajustando convenientemente el rango de los ejes de la función. Concretamente, la forma que tomaría la función sigmoide modificada sería

$$g(x)=\frac{h(x)-h(0)}{h(1)-h(0)} \text{ con } h(x)=\frac{1}{1+e^{K(\frac{1}{2}-x)}}$$

Las condiciones que esta no cumpliría serían las de la derivada en los extremos:

$$\frac{\partial g(0)}{\partial x}\neq 0 \text{ y } \frac{\partial g(1)}{\partial x}\neq 0$$

Por esta razón ABBANN propone aplicar una función exponencial del estilo $g(x)=x^K$. Ajustando los rangos de los ejes convenientemente:

$$g(x)=\begin{cases}\dfrac{1}{2}(2x)^K \, si \, x\in[0,\dfrac{1}{2}] \\ 1-\dfrac{1}{2}(2-2x)^K \, si \, x\in(\dfrac{1}{2},1]\end{cases}$$

La expresión utilizada para $x\in(\dfrac{1}{2},1]$ es claramente una simetría de la usada para $x\in[0,\dfrac{1}{2}]$. Tras algunas manipulaciones la expresión se puede simplificar como

$$g(x)=\begin{cases}2^{K-1}x^K \, si \, x\in[0,\dfrac{1}{2}] \\ 1-2^{K-1}(1-x)^K \, si \, x\in(\dfrac{1}{2},1]\end{cases}$$

§(12)

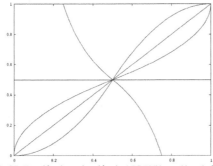
Ilustración 27: Función de activación de ABBANN con K = -1, 0, ½, 1 y 2

Al igual que en la función sigmoide, el factor K regula la pendiente de la curva, que se denominará en este caso *dureza*. El comportamiento de la curva varía sustancialmente en función de la dureza, como se aprecia en la ilustración 27.

Con valores de $K<1$, la función no cumple con algunos de los criterios establecidos y carece de interés en este contexto. Con $K=1$ se obtiene la función identidad, que equivale a no implementar función de activación alguna. Con $K>1$ es cuando se cumplen todos los criterios fijados y la función es aprovechable para ABBANN.

Es importante remarcar que, dado que la función de agregación de ABBANN no es lineal, no es estrictamente necesaria una función de activación no lineal para poder separar patrones linealmente no separables, cosa que sí es necesaria con el perceptrón multicapa como se señaló en la página 18. Lo que sí es cierto es que se comprueba experimentalmente, como se verá más adelante, que asignar $K=1$ provoca una convergencia del proceso de aprendizaje mucho más lenta que con $K>1$.

Un ejemplo más centrado en $K>1$ de $g(x)$ se muestra en la ilustración 28. Visualmente recuerda bastante a la sigmoide.

Las condiciones relativas a $g(0)=0$, $g(1)=1$ y $g(\frac{1}{2})=\frac{1}{2}$ se verifican de forma obvia.

En cuanto a las condiciones que tienen que ver con la derivada de la función, teniendo en cuenta que

$$\frac{\partial g(x)}{\partial x} = \begin{cases} 2^{K-1} K x^{K-1} \, si \, x \in [0, \frac{1}{2}] \\ K \, 2^{K-1} (1-x)^{K-1} \, si \, x \in (\frac{1}{2}, 1] \end{cases}$$

Es claro que para $x \in (0, \frac{1}{2})$ y $x \in (\frac{1}{2}, 1)$ la función es derivable.

En cuanto a $x = \frac{1}{2}$, para el primer término de la función se obtiene

$$2^{K-1} K x^{K-1} \overset{x=\frac{1}{2}}{\Rightarrow} 2^{K-1} K \frac{1}{2^{K-1}} = K$$

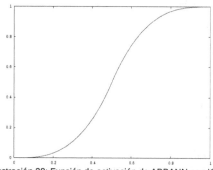

Ilustración 28: Función de activación de ABBANN con K=3

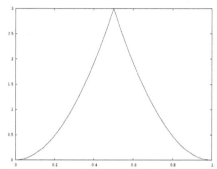

Ilustración 29: Derivada de la función de activación de ABBANN con K=3

análogamente para el segundo término

$$K\,2^{K-1}(1-x)^{K-1}\overset{x=\frac{1}{2}}{\Rightarrow}K\,2^{K-1}\frac{1}{2^{K-1}}=K$$

por tanto también es derivable en ese punto[53].

Una gráfica de esta derivada puede observarse en la ilustración 29. Por inspección de la misma es claro que la misma es continua, pero no derivable, es decir, $g(x)$ no es doblemente derivable, lo cual no es preocupante al emplearla como función de activación.

Traduciendo esta función en los términos que interesan de acuerdo con la notación de la neurona modelo:

$$z=\begin{cases}2^{K-1}q^K\,si\,q\in[0,\frac{1}{2}]\\[2mm]1-2^{K-1}(1-q)^K\,si\,q\in(\frac{1}{2},1]\end{cases}\qquad\S(13)$$

---

53 Más rigurosamente, lo que sucede es que $\displaystyle\lim_{\delta\to0}\frac{g(x)-g(x-\delta)}{\delta}=\lim_{\delta\to0}\frac{g(x+\delta)-g(x)}{\delta}$ para $x=\frac{1}{2}$.

Combinando todo en un solo modelo

El modelo global de ABBANN se obtiene sintetizando §(6), §(11) y §(13):

$$p_k = (b_k - a_k) \cdot x_k + a_k$$

$$q = \frac{\displaystyle\prod_{k=1}^{n} p_k}{\displaystyle\prod_{k=1}^{n} p_k + \prod_{k=1}^{n} (1 - p_k)}$$

§(14)

$$z = \begin{cases} 2^{K-1} q^K \; si \; q \in [0, \tfrac{1}{2}] \\ 1 - 2^{K-1}(1-q)^K \; si \; q \in (\tfrac{1}{2}, 1] \end{cases}$$

Este modelo es el que se aplica para calcular el estado de todas y cada una de las neuronas de la red salvo las de entrada.

Realmente, estas tres funciones lo que hacen es encerrar el comportamiento que el modelo del perceptrón multicapa tiene en $(-\infty, +\infty)$ dentro del intervalo $[0,1]$. En una frase muy corta, la matemática de ABBANN comprime el infinito dentro $[0,1]$.

Recapitulando:

La primera expresión obtiene para la neurona considerada todas las entradas que le proporcionan las sinapsis que terminan en ella. Estas entradas toman la forma de una colección de p_k, donde cada k es cada una de las neuronas origen de tales sinapsis. Para calcular cada uno de estos valores, se recurre a los valores a_k y b_k de cada una de ellas.

A continuación, se agregan todos los p_k de la neurona, obteniendo q.

Finalmente, se calcula el estado final z, aplicando la función de activación en forma de la variante de la función exponencial ya explicada.

Todos todos estos elementos se aprecian en la ilustración 30.

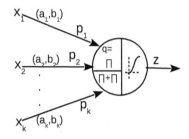

Ilustración 30: Los parámetros del modelo §(14) en una neurona

Evaluación

ABBANN propone dos algoritmos de evaluación de redes. Estos algoritmos se denominarán *evaluación en un paso* y *evaluación en nx2 pasos*.

Algoritmo de evaluación en un paso

Este algoritmo es sólo válido en el caso de redes no recurrentes, como la de la ilustración 31.

En tal caso, siempre es posible establecer una ordenación de las neuronas a evaluar de tal modo que ninguna es evaluada antes de que todos sus orígenes lo hayan sido.

En el caso de la ilustración indicada, hay dos ordenaciones posibles, que son: 1, 2, 3, 4 y 1, 3, 2, 4.

Los estados z_i de cada neurona se calculan según cualquiera de estas ordenaciones, como señala la ilustración 32.

Escogiendo la primera de las dos ordenaciones propuestas, y considerando $f_i(...)$ como la combinación de funciones que para la neurona i aglutina las funciones sinápticas, de agregación y de activación, el orden de evaluación sería (la neurona 1 se considera evaluada como punto de partida):

1    $z_2 = f_2(z_1)$

2    $z_3 = f_3(z_1)$

3    $z_4 = f_4(z_2, z_3)$

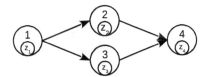

Ilustración 31: Topología no recurrente

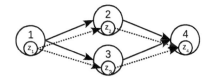

Ilustración 32: Cálculo de estados según el algoritmo de evaluación en un paso

Algoritmo de evaluación en nx2 pasos

Este algoritmo es válido para todo tipo de topologías, incluidas las recurrentes, como la que se muestra en la ilustración 33.

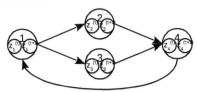

Ilustración 33: Topología recurrente

Para este tipo de topologías no es posible encontrar una ordenación de las neuronas que asegure que cada una es evaluada posteriormente a todas sus antecesoras.

ABBANN resuelve este algoritmo asignando a cada neurona una pareja de estados: $z^{(\tau)}$ y $z^{(\tau+1)}$. Estos dos estados representan, respectivamente, los estados actual y futuro en cada neurona.

En un primer paso, se calcula el estado futuro $z^{(\tau+1)}$ de cada neurona en base a los estados actuales $z^{(\tau)}$ de sus antecesoras, sin importar el orden de recorrido de neuronas en que esto se realice, como se muestra en la ilustración 34.

En un segundo paso, se pasan todos los estados futuros a estados presentes de la red, mediante $z^{(\tau)}=z^{(\tau+1)}$ en todas las neuronas, como se ve en la ilustración 35.

Tras la ejecución de estos dos pasos, no se garantiza que la red haya llegado a un estado estable. De hecho, hay que repetir estos dos pasos durante varios ciclos hasta conseguir que tal inestabilidad desaparezca o caiga por debajo de un cierto umbral que se considera tolerable.

Incluso cayendo por debajo de este umbral de estabilidad no existe seguridad de que la red vaya a converger a un estado estable, ya que puede caer en una situación inestable posteriormente. Tal es la complejidad de comportamientos que puede engendrar este tipo de topologías.

Se considera como medida de inestabilidad la diferencia entre una evaluación y la siguiente, medida como distancia vectorial.

Es decir, tras evaluar $z^{(\tau+1)}$ para todas las neuronas, se considera el valor $\sqrt{\sum_i \left(z_i^{(\tau+1)} - z_i^{(\tau)} \right)^2}$ como medida de inestabilidad, y se persigue que caiga por debajo de cierto umbral. Idealmente tal diferencia puede llegar a ser 0. Salvo que la red sea no recurrente, es improbable que tal cosa ocurra, ya que las redes recurrentes pueden converger hacia un cierto estado, pero nunca son completamente estables.

Como mecanismo de seguridad, en ABBANN se establece un número máximo de bucles en estas evaluaciones, tras los cuales dicha evaluación se termina, aun cuando la red no haya caído por debajo del umbral de estabilidad.

El algoritmo, finalmente, queda de la siguiente manera:

1   Mientras no se haya alcanzado el número máximo de bucles y la estabilidad de la red sea > umbral de estabilidad:

1.1   Evaluar los $z^{(\tau+1)}$ de todas las neuronas a partir de los $z^{(\tau)}$ de las neu-

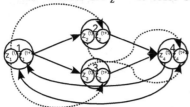
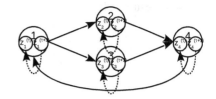

Ilustración 34: Primer paso del cálculo de estados según el algoritmo de evaluación en nx2 pasos

Ilustración 35: Segundo paso del cálculo de estados según el algoritmo de evaluación en nx2 pasos

ronas origen aplicando las tres funciones del modelo.

1.2 Calcular la inestabilidad de la red como $\sqrt{\sum_i \left(z_i^{(\tau+1)} - z_i^{(\tau)} \right)^2}$.

1.3 Asignar $z^{(\tau)} = z^{(\tau+1)}$ en todas las neuronas.

Aprendizaje

Minimizado del error

El método de aprendizaje que propone ABBANN se basa, como en el caso del perceptrón multicapa, en minimizar la señal de error. Una técnica bien conocida para lograr esto es el *descenso por el gradiente*[54]. La razón del nombre es que si se visualiza el espacio vectorial n-dimensional de los posibles valores de los factores *a* y *b* de todas las sinapsis, y a cada punto de ese espacio se le asignase el valor del error *E* a que daría lugar, un algoritmo que se base en la derivada de dicho error en ese espacio, lo que hace realmente es ir moviendo los valores de estos factores en la dirección en que encuentra una pendiente descendente más pronunciada de la señal de error, es decir, su gradiente. Esto se muestra en la ilustración 36. La representación gráfica es complicada, porque el espacio n-dimensional original queda reducido a dos coordenadas.

Esta minimización se consigue calculando el impacto que tiene la variación de los parámetros *a* y *b* de cada sinapsis sobre dicho error.

Se considera que el error se caracteriza por

$$E = |y - t| = \sqrt{\sum_k \left(y_k - t_k \right)^2}$$

Al igual que en la página 19, *y* es el vector de salida realmente evaluado por la red, tras ser expuesta a un vector de entrada *x* ; mientras que *t* es el vector de salida ideal o deseado para dicha entrada.

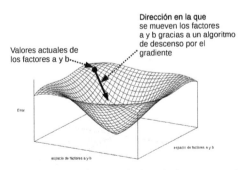

Ilustración 36: Visualización de un algoritmo de descenso por el gradiente

---

54 *Gradient descend* en inglés.

En una fase de entrenamiento lo normal es disponer de cientos o miles de parejas (x, t) así como la posibilidad de calcular y para cada x, y por tanto también E.

En lo que sigue, se considera que el cálculo propuesto se repite para cada una de las parejas indicadas.

Recordando §(7), la función sináptica queda definida como $p_{jk} = (b_{jk} - a_{jk}) \cdot z_k + a_{jk}$.

El objetivo es obtener las variaciones Δa_{jk} y Δb_{jk} que hay que aplicar, para cada tupla de entrenamiento, a estos dos factores para que el error E se reduzca en la salida.

ABBANN propone tener en cuenta dos elementos a la hora de calcular estas variaciones.

El primero es la propia importancia del error E.

El segundo es el impacto de los cambios sobre el error de a_{jk} y b_{jk}:

$$\frac{\partial E}{\partial a_{jk}} , \frac{\partial E}{\partial b_{jk}}$$

Es decir, recuperando la notación que enfatiza los diferentes valores de las variables en el tiempo:

$$\Delta a_{jk}^{(\tau)} = -\eta E^{(\tau)} \frac{\partial E^{(\tau)}}{\partial a_{jk}^{(\tau)}} , \Delta b_{jk}^{(\tau)} = -\eta E^{(\tau)} \frac{\partial E^{(\tau)}}{\partial b_{jk}^{(\tau)}} \qquad \text{§(15)}$$

donde $\eta \in [0,1]$ representa el factor de aprendizaje.

El signo negativo indica que la corrección a aplicar debe ir en sentido contrario al de la derivada, es decir, buscando valores que reduzcan el error actual.

Finalmente, los nuevos valores $a_{jk}^{(\tau+1)}$ y $b_{jk}^{(\tau+1)}$ son:

$$a_{jk}^{(\tau+1)} = a_{jk}^{(\tau)} + \Delta a_{jk}^{(\tau)} , b_{jk}^{(\tau+1)} = b_{jk}^{(\tau)} + \Delta b_{jk}^{(\tau)}$$

Una mejora que comúnmente se introduce en §(15) es incorporar una cierta inercia. Esto se consigue teniendo en cuenta en la corrección actual la aplicada en la iteración inmediatamente anterior:

$$\Delta a_{jk}^{(\tau)} = -\eta E^{(\tau)} \frac{\partial E^{(\tau)}}{\partial a_{jk}^{(\tau)}} + m \Delta a_{jk}^{(\tau-1)} , \Delta b_{jk}^{(\tau)} = -\eta E^{(\tau)} \frac{\partial E^{(\tau)}}{\partial b_{jk}^{(\tau)}} + m \Delta b_{jk}^{(\tau-1)} \qquad \text{§(16)}$$

$$con \, \Delta a_{jk}^{(-1)} = \Delta b_{jk}^{(-1)} = 0$$

Donde m es la tasa de inercia[55]. Usualmente $m \in [0,1]$. Si $m = 0$, equivale a no implementar inercia.

La introducción de esta inercia puede contribuir a acelerar la convergencia de la red, e incluso a superar algunos mínimos locales en favor de otro mínimo local menor o incluso de un mínimo global, como se ve en la ilustración 37, aunque una elección de m excesivamente alta puede ser también un factor de inestabilización del proceso de aprendizaje.

---

55 *Momentum* en inglés.

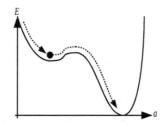

Ilustración 37: La introducción de una inercia
puede ayudar a superar mínimos locales

Este esquema tiene cierto parecido con los controladores tipo PID[56]. En este tipo de controladores se aplica una corrección tanto más intensa cuanto:

- Mayor es la señal de error (control proporcional)

- Más rápidamente crece dicho error (control derivativo).

- Más error acumulado se ha producido en las correcciones anteriores (control integral). En este último caso, el que la inercia vaya aumentando señala que el error no se reduce significativamente iteración tras iteración, y que no hay oscilaciones alrededor de un mínimo.

La frase que podría sintetizar de forma intuitiva este método de aprendizaje es: *La modificación sobre los factores a y b en cada sinapsis es tanto más intensa cuanto mayor es la importancia (corrección proporcional) del error en la salida, cuanto mayor es la influencia (corrección derivativa) sobre ese error de cada uno de dichos factores y cuanto más tiempo (corrección integral) se conserva el error.*

En el perceptrón multicapa se suelen utilizar dos formas de aplicar las correcciones $\Delta w_{jk}^{(\tau)}$ a los pesos sinápticos: por pasos o por lotes[57]. La diferencia entre ambas estriba en que en el procesamiento por pasos, tras la exposición de cada muestra a la red, se aplica inmediatamente la corrección calculada. En el caso de procesamiento por lotes, se aplican todas las muestras disponibles, guardando sin aplicar las correcciones calculadas; posteriormente se agregan todas las correcciones, que se aplican en un solo paso.

Aunque hay diversidad de opiniones entre los autores en cuanto a qué técnica es mejor, parece haber algunos consensos[58]: El modelo por lotes es más correcto formalmente, dado que calcula la dirección exacta del gradiente por el que hay que descender antes de aplicar ninguna corrección. El modelo por pasos ofrece mejor rendimiento y un proceso de aprendizaje más rápido, sobre todo cuando el número de muestras diferentes es muy elevado.

---

56 Proporcional + integral + derivativo. El símil es ilustrativo, pero no es perfecto debido a varias razones: en los sistemas de control la señal de corrección es la suma, y no el producto, de las señales de corrección proporcional y derivativa. Además, no basta con multiplicar la corrección anterior para poder hablar con propiedad del cálculo de la integral de la señal de error.

57 En las referencias en lengua inglesa, estas dos técnicas suelen denominarse *on-line* y *batch*. Ambas técnicas son modalidades de *gradient descend*.

58 Una comparación entre ambos modelos se puede encontrar en [Wilson and Martinez 2003].

En ABBANN se ha escogido el modelo por pasos para aplicar las correcciones $\Delta a_{jk}^{(\tau)}$ y $\Delta b_{jk}^{(\tau)}$.

Al servirse de la derivada parcial del error de salida, este método de aprendizaje busca aquellos valores a y b dentro de cada sinapsis que hacen mínimo el error en la salida.

Cualquier mínimo local o global de la función de error debe cumplir $\dfrac{\partial E}{\partial a}=0$ y $\dfrac{\partial E}{\partial b}=0$

para todos los a y b, y esto tiene al menos dos implicaciones importantes:

- Si no se aplica un factor de inercia, este algoritmo es incapaz de encontrar un valor menor al de un mínimo local ya encontrado.

- La elección de los valores iniciales de los factores a y b en las sinapsis puede determinar qué mínimo local o global encontrará el algoritmo entre los varios que puedan existir.

En cuanto al segundo punto, considérese la ilustración[59] 38.

En esta ilustración, si el punto de partida de la red para un cierto a fuese a_3 donde $\dfrac{\partial E}{\partial a}=0$, el algoritmo sería incapaz de alterar al valor a, dado que

$$\Delta a^{(\tau)}=-\eta E^{(\tau)}\frac{\partial E^{(\tau)}}{\partial a^{(\tau)}}=-\eta E^{(\tau)}\cdot 0=0$$

Sin embargo, si el valor inicial de a fuese a_2, el algoritmo iría *buscando* el mínimo local a_1, ignorando un mínimo menor en a_4. Este último mínimo solamente lo hubiese encontrado al tomar un valor inicial mayor que a_3.

Aunque pueda parecer improbable que la elección inicial de los valores a y b de las sinapsis de una red provoque que caiga en este indeseable equilibrio, lo cierto es que algunas elecciones *obvias* de los valores iniciales de las funciones sinápticas, como la asignación de estas funciones a la función neutra, provocan simetrías que pueden dar lugar a esta situación. Esto sucede especialmente cuando la elección de estos valores se hace manualmente.

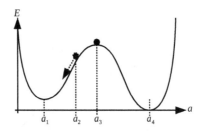

Ilustración 38: Función con varios mínimos

---

59 Como se ha dicho al principio del epígrafe, esta ilustración es una simplificación extrema, ya que el gráfico completo, si es que pudiese llamarse así, sería un espacio de n dimensiones donde n sería el doble del número de sinapsis (debido a que cada sinapsis tiene su factor a y b).

Por esta razón es recomendable que en la asignación de los valores iniciales se introduzca algún factor aleatorio.

Elección del factor de aprendizaje

Queda algo muy importante, a efectos prácticos, por discutir en la expresión §(15). ¿Cómo debe escogerse el valor de η ? Sobre el mismo, lo único que se ha dicho es que debe estar dentro del intervalo $[0,1]$.

Una mala elección de este valor conlleva indeseables consecuencias: Si el ritmo de aprendizaje es muy bajo, es decir, excesivamente próximo a 0, el número de ciclos de aprendizaje necesarios para conseguir que la red aprenda será muy elevado. Por contra, si es muy alto, es decir, excesivamente próximo a 1, los valores de los factores a y b oscilarán de forma violenta e inestable, y la red no conseguirá aprender los patrones.

En resumen, un valor demasiado bajo de η conlleva un problema de rendimiento, mientras que un valor demasiado alto implica uno de estabilidad.

Incluso en el caso del perceptrón multicapa es esta una cuestión clásica.

Existen muchas propuestas al respecto, y gran parte de ellas consisten en calcular η de forma adaptativa conforme avanza el proceso de aprendizaje. En la propuesta de ABBANN, aunque η no se modifica explícitamente, sí que se implementa una adaptación. Al observar §(15) se ve que el ritmo de aprendizaje es mayor cuanto mayor es la propia señal de error E , lo cual acelera el proceso cuando el error es grande.

Se repara ahora en que la función de agregación §(8) es propensa a saturarse hacia 1 ó 0 cuando tiene que contemplar una gran cantidad de señales de entrada, y la mayoría son mayores o menores que 0.5. Esto es debido a que

$$\lim_{n \to \infty} \frac{p^n}{p^n + (1-p)^n} = \begin{cases} 0 \, si \; p \in [0, \frac{1}{2}) \\ \frac{1}{2} \, si \, p = \frac{1}{2} \\ 1 \, si \; p \in (\frac{1}{2}, 1] \end{cases}$$

Ciertamente, el número de sinapsis que pueden llegar a una neurona no puede ser infinito, pero esta tendencia a la saturación de la función de agregación puede ser un problema cuando este número es elevado. Hay que recordar que las implementaciones planteables deben estar basadas en computadores digitales, que no pueden manejar una precisión ilimitada: superado cierto límite, un computador no distinguirá entre un número muy próximo a 0 y el propio valor 0, análogamente con 1.

Se va a suponer, por tanto, que debe existir un umbral U_{max} que no se quiere superar aunque todas las entradas n de la neurona tengan un $p > \frac{1}{2}$. Pasando esto a fórmula:

$$\frac{p^n}{p^n + (1-p)^n} < U_{max}$$

Tras algunas manipulaciones, se puede calcular el máximo de p en función de los otros factores:

$$p < \cfrac{1}{\sqrt[n]{\cfrac{1-U_{max}}{U_{max}}}+1} = p_{max}$$

§(17)

Donde $p_{max} \in [\frac{1}{2}, 1]$ y $U_{max} \in [\frac{1}{2}, 1]$.

Análogamente se puede plantear el cálculo con un umbral U_{min} del que no se quiere bajar aunque todas las entradas n de la neurona tengan un $p < \frac{1}{2}$. En tal caso §(17) se convierte en

$$p > \cfrac{1}{\sqrt[n]{\cfrac{1-U_{min}}{U_{min}}}+1} = p_{min}$$

§(18)

Donde $p_{min} \in [1, \frac{1}{2}]$ y $U_{min} \in [1, \frac{1}{2}]$.

Tomando ahora de §(17) y §(18) sólo la relación de U_{min} y U_{max} con p_{min} y p_{max} , si ahora se considera la simetría de U_{min} y U_{max} respecto al valor $\frac{1}{2}$, es decir, $\frac{1}{2} - U_{min} = U_{max} - \frac{1}{2}$ o lo que es lo mismo $U_{max} = 1 - U_{min}$ y se sustituye en §(17), y luego se combina con §(18), resulta en $p_{max} = 1 - p_{min}$, que equivale a $\frac{1}{2} - p_{min} = p_{max} - \frac{1}{2}$. En conclusión, la simetría respecto a $\frac{1}{2}$ de los umbrales U_{min} y U_{max} implica la misma simetría para las probabilidades mínimas y máximas de entrada para las neuronas p_{min} y p_{max} .

Puesto que el ritmo de aprendizaje que se quiere establecer es global para toda la red, n es el número máximo de sinapsis de entrada que en la red tenga cualquier neurona. U_{max} Es un valor que se puede establecer con cierta arbitrariedad, ya que es el límite que no se quiere superar como evaluación de la función. Se considerará que un buen valor es $U_{max} = 0.9$, con lo que se obtiene:

$$p_{max\,0.9} = \cfrac{1}{\sqrt[n]{\cfrac{0.1}{0.9}}+1}$$

El valor de $p_{max\,0.9}$ es dependiente, como era de esperar, de características de la red, como es el valor n .

Análogamente, para un $U_{min} = 0.1$ simétrico a un $U_{max} = 0.9$ y un p_{min} simétrico a un $p_{max} = 0.9$: $\quad p_{min\,0.1} = \cfrac{1}{\sqrt[n]{\cfrac{0.9}{0.1}}+1} = 1 - \cfrac{1}{\sqrt[n]{\cfrac{0.1}{0.9}}+1}$

En ABBANN las sinapsis nacen con factores a y b próximos a $\frac{1}{2}$. Por tanto los valores que ingresan en la función de agregación de una neurona procedentes de estas sinapsis son también próximos a $\frac{1}{2}$. La medida en la que se pueden variar estos sin que se incurra en la saturación indicada es $\sqrt[n]{\frac{1-U_{max}}{U_{max}}+1}^{\frac{1}{-\frac{1}{2}}}$ o, en virtud de las simetrías ya conocidas, $\frac{1}{2}-\frac{1}{\sqrt[n]{\frac{1-U_{min}}{U_{min}}+1}}$. Particularizando a $U_{max}=0.9$: $\frac{1}{\sqrt[n]{\frac{0.1}{0.9}+1}}-\frac{1}{2}$.

Queda claro que estos valores son cotas de η, que debe cumplir en definitiva

$$\eta \in (0, \frac{1}{\sqrt[n]{\frac{1-U_{max}}{U_{max}}+1}}-\frac{1}{2}] \overset{U_{max}=0.9}{\Rightarrow} \eta \in (0, \frac{1}{\sqrt[n]{\frac{0.1}{0.9}+1}}-\frac{1}{2}]$$ §(19)

Incluso tras estos cálculos, §(19) queda como una orientación bastante poco precisa, dado que la corrección que se aplica en cada paso no depende sólo de η, sino también de la derivada del error calculado, de la propia magnitud del error, de la inercia aplicada como se indicó en §(16); y del impacto de la función de activación. Es cierto que la combinación de todos estos factores, mediante el modelo de ABBANN, suele ser inferior a 1, con lo que la cota que indica §(19) no queda invalidada, en todo caso sobredimensionada. Para los casos en que tal combinación sea superior a 1, probablemente el error sea tan grande que no importe mucho violar el criterio anterior a la espera de que tal error se reduzca.

Criterios de parada en fase de aprendizaje

Al principio de un ciclo de aprendizaje de una red, los valores absolutos de las correcciones $|\Delta a_{jk}^{(\tau)}|$ y $|\Delta b_{jk}^{(\tau)}|$ pueden evolucionar creciendo o decreciendo. Es frecuente, sin embargo, que a partir de cierto momento, tiendan a reducirse en cada iteración. Esto significa que, a partir de ese instante, iteración tras iteración no sólo la señal de error es menor, sino que a la red le cuesta cada vez más mejorar su grado de ajuste a los patrones, es decir, le queda menos recorrido de aprendizaje. La evolución de estos factores pueden utilizarse como criterios de parada.

Según §(15), la corrección a aplicar en cada caso depende tanto del error propiamente dicho como de la derivada parcial de este error[60], así que el criterio de parada puede estar basado en cualquiera de estos dos factores o en una combinación de los mismos.

Tras haber aplicado una corrección a la red con relación a una de las tuplas indicadas en el momento τ, se pueden cuantificar diferentes métricas[61] que luego se usarán

---

60 También depende del factor de aprendizaje, pero, al ser una constante, no es relevante en este punto. Se deja a un lado, de momento, la inercia que pueda estarse aplicando.

61 Las diferentes métricas debe calcularse de forma que siempre sean ≥ 0, para que el objetivo sea minimizarlas cuanto sea posible.

como criterio de parada. Cada una ellas presta atención a una dinámica distinta del proceso de aprendizaje:

- Métrica que basa la parada en la magnitud del error[62]:

$$M^{(\tau)} = E^{(\tau)}$$

Este criterio enfatiza la importancia del buen comportamiento de la red.

- Métrica que basa la parada en la derivada de la señal de error:

$$M^{(\tau)} = \max_{jk} \left(\max \left(\left| \frac{\partial E^{(\tau)}}{\partial a_{jk}^{(\tau)}} \right|, \left| \frac{\partial E^{(\tau)}}{\partial b_{jk}^{(\tau)}} \right| \right) \right)$$

Este criterio enfatiza la importancia de la proximidad de un mínimo local.

- Métrica que basa la parada en la corrección aplicada:

$$M^{(\tau)} = \max_{jk} \left(\max \left(\left| \Delta a_{jk}^{(\tau)} \right|, \left| \Delta b_{jk}^{(\tau)} \right| \right) \right)$$

Este criterio, al ser el producto, junto con el factor de aprendizaje, de la señal de error y la derivada de la misma, representa un compromiso entre los dos anteriores.

Aunque en un principio el primer criterio por la magnitud de error parece el más acertado, hay que tener en cuenta que, una vez alcanzado un mínimo local, la red no evolucionará más, sea cual sea la distancia que la separe de otro mínimo local o global o la magnitud de la señal de error. Los criterios de parada que tienen en cuenta la derivada de la señal de error son capaces de detener el algoritmo aun cuando la señal de error no es suficientemente pequeña pero la red es incapaz de reducirlo significativamente.

Para aplicar correctamente cualquiera de estos criterios, no basta con efectuar la detención tan pronto como se cumpla para una sola muestra en una fase de entrenamiento. Es necesario que este criterio persista durante todo un intervalo I de muestras.

Por ello hay que calcular alguna medida estadística de $M^{(\tau)}$ para valores de τ consecutivos a lo largo de dicho intervalo I . Y evaluar si dicha estadística es la que cae por debajo de cierto umbral m que se establece desde el principio.

Las estadísticas propicias para el fin indicado pueden ser el máximo o la media:

- Si la estadística escogida es el máximo, $\max(M^{(\tau)})$ es inferior al umbral establecido. Es decir, para ninguna señal de entrada durante la fase de entrenamiento la métrica escogida está por encima de dicho umbral.

- Si la estadística escogida es la media, $\dfrac{\sum_{\tau} M^{(\tau)}}{\tau}$ es inferior al umbral establecido. Es decir, la métrica escogida se comporta, durante la fase de entrenamiento, alrededor del umbral, pudiendo haber valores individuales por encima y por debajo del mismo.

---

62   No es necesario calcular el valor absoluto del error ya que, al ser una distancia entre vectores, siempre cumple que es ≥ 0 .

Cuando se acomete una fase de entrenamiento de una red es muy común separar las señales de entrada y salida ideales en dos grupos: uno más numeroso se utiliza como muestras de entrenamiento propiamente dichas, y otro menos numeroso de validación cuya misión es, una vez que la red se da por entrenada, exponerlos a la misma para verificar la calidad de este entrenamiento. Las muestras de validación nunca son mostradas a la red en fase de entrenamiento.

Es ideal que I se corresponda, justamente con una secuencia completa de las citadas muestras de entrenamiento.

En cuanto a la elección de la estadística de terminación, en el caso general es más interesante el promedio, dado que una fase entrenamiento puede conllevar multitud de señales de entrada, y no es realista plantear que todas estas señales deben tener su error por debajo de cierto umbral. Si se plantease tal condicionante, podría ser extraordinariamente difícil de conseguir. De nuevo en general, no se espera que una red neuronal sea infalible al clasificar las señales de la fase de entrenamiento, sino que acierte la mayoría de las veces. Hay que tener en cuenta que una red, aun cuando terminase siendo infalible con las muestras de entrenamiento, nunca podrá asegurar esta infalibilidad con las muestras de validación, a las que jamás ha sido expuesta.

En todo caso, es interesante poder utilizar la estadística de máximo, dado que hay problemas tipo muy concretos en los que este criterio de parada es acertado. Algunos de estos problemas tipo se verán más adelante.

Cabe una última profundización en cuanto al criterio de parada por magnitud del error.

Lo que sigue es de aplicación para el caso, muy frecuente, de que la red está intentando reconocer patrones, cada uno de los cuales se corresponde con una neurona de salida, que se activa exclusivamente en presencia de dicho patrón.

En este caso existirá una salida objetivo, llamada t , como se ha nombrado anteriormente en el texto, en la que sólo uno de los patrones es el correcto, como se ve en la ilustración 39.

En tal caso se supondrá que una neurona de salida cuyo estado es $>\frac{1}{2}$ indica el reconocimiento del patrón representado en esa neurona frente a una cierta entrada, mientras que un estado $<\frac{1}{2}$ indica el no reconocimiento del patrón. Lógicamente este criterio no aporta nada en cuanto a lo que podría llamarse *calidad de reconocimiento*, ya que podría ocurrir que un patrón se reconociese por un valor ligeramente superior a $\frac{1}{2}$, mientras que el resto no lo fuese por valores ligeramente inferiores a este umbral, como se ve en la ilustración 40. En este caso el reconocimiento, siendo correcto, es muy pobre.

La primera pregunta que se puede plantear es ¿Cuál es la configuración de estados de salida que, apartándose al máximo de la salida objetivo, sigue reconociendo el patrón correcto?

Esta configuración es, justamente, la reflejada en la ilustración 40.

Recordando cómo se calcula la señal de error, $E=|y-t|$. Aplicándola en este caso con un δ arbitrariamente pequeño:

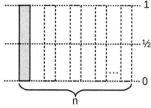

Ilustración 39: Salida objetivo t

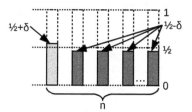

Ilustración 40: Evaluación y correcta
pero pobre respecto a t

$$E=\sqrt{\left(1-\frac{1}{2}\right)^2+\left(0-\frac{1}{2}\right)^2+...+\left(0-\frac{1}{2}\right)^2}=\sqrt{\frac{1}{4}+\frac{1}{4}+...+\frac{1}{4}}=\frac{\sqrt{n}}{2}$$

La segunda pregunta, más interesante, es ¿Cuál es la configuración de estados de salida que, ofreciendo un máximo de la señal de error, garantiza que, sea como sea que se reparta dicho error entre las neuronas de salida, el patrón reconocido es el correcto?

Esta configuración es la reflejada en la ilustración 41.

Considérese, a modo de explicación, que no de demostración, que si se quisiera empeorar la calidad del reconocimiento, esto es, aumentar la magnitud del error, que es la distancia que separa esta señal de t en la ilustración 39, existirían dos posibilidades:

1. Bajar el nivel de reconocimiento del primer patrón (que es el correcto), lo cual provocaría que cayese por debajo de $\frac{1}{2}$, y el reconocimiento del patrón ya no se produjese.

2. Aumentar el nivel de reconocimiento de alguno o varios de los patrones erróneos, pero en este segundo caso existiría la posibilidad de conseguir este nuevo nivel de error dejando estos últimos valores inalterados, y disminuyendo (como en la primera opción) el reconocimiento del primer patrón, con lo que, de nuevo, no se puede asegurar la correcta clasificación de la muestra para este nivel de error.

Finalmente, la única posibilidad de disminuir el error es aumentar el nivel de reconocimiento del primer patrón, ya que en todos los demás la distancia es 0, y no se puede disminuir.

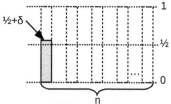

Ilustración 41: Otra evaluación correcta de una red

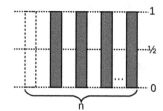

Ilustración 42: Evaluación y opuesta a la ideal t

El error que se produce en este caso, de nuevo considerando un δ arbitrariamente pequeño, viene dado por la expresión:

$$E=\sqrt{\left(1-\frac{1}{2}\right)^2+(0-0)^2+...+(0-0)^2}=\sqrt{\frac{1}{4}+0+...+0}=\frac{1}{2}$$

Es decir, si se cumple que la señal de error es inferior a $\frac{1}{2}$ en todas las muestras de aprendizaje, que por tanto usa el criterio de parada con estadística de máximo en I, se puede asegurar que la red está reconociendo siempre el patrón correcto para todas estas muestras. Lo que no puede asegurarse es que este reconocimiento sea de buena calidad ni que se vaya a producir para las muestras de validación.

Lo más remarcable de este último resultado es que es independiente del número de neuronas de salida, o, lo que es lo mismo, independiente del número de patrones.

Por completitud, se considerará por último cómo sería la señal de salida que produce un máximo en la señal de error, sin ninguna otra restricción. Esto se corresponde con la ilustración 42.

En este caso el error sería:

$$E=\sqrt{(0-1)^2+(1-0)^2+...+(1-0)^2}=\sqrt{1+1+...+1}=\sqrt{n}$$

Resumiendo todos los resultados anteriores, y considerando la señal de error *para cada una* de las muestras de entrenamiento:

- En el intervalo $E\in[0,\frac{1}{2})$ se puede asegurar que la red está clasificando la muestra de entrenamiento en su patrón correcto.

- En el intervalo $E\in[\frac{1}{2},\frac{\sqrt{n}}{2})$ la capacidad de la red para clasificar la muestra de entrenamiento en el patrón correcto depende de la forma en que este error se reparte entre las distintas neuronas de salida, no pudiéndose asegurar que la clasificación sea correcta ni que no lo sea.

- En el intervalo $E\in[\frac{\sqrt{n}}{2},\sqrt{n}]$ se puede asegurar que la red no está clasificando la muestra de entrenamiento en el patrón correcto.

Estos resultados son aplicables para cualquier $n\geq1$. Únicamente vale la pena señalar que en el caso de $n=1$ se produce un resultado trivial en el que sólo vale la pena distinguir entre que la señal de error sea superior, igual o inferior a $\frac{1}{2}$.

Sin lugar a dudas, el resultado más relevante de este epígrafe es que el criterio de parada por error máximo asegura para todas las muestras de entrenamiento el reconocimiento en su patrón correcto cuando tal error es $<\frac{1}{2}$.

No es un exceso reiterar que lo anterior no garantiza la correcta clasificación para muestras de validación.

Cálculo de las derivadas parciales

La descripción del método de aprendizaje anterior está plenamente basado en el cálculo de la derivada parcial del error respecto a los parámetros de las funciones sinápticas.

Por ello es clave, sobre todo a efectos de velocidad de cálculo, la elección de la técnica para calcular esta derivada en todas y cada una de las sinapsis de la red.

ABBANN implementa dos tipos de evaluación de estas derivadas parciales.

Estos algoritmos se describen a continuación:

Método de las perturbaciones

ABBANN implementa una variante del método de las perturbaciones, ya mencionado en la página 21.

El algoritmo presentado en este epígrafe es aplicable a cualquier tipo de red, incluyendo las recurrentes.

En ABBANN la implementación del método de las perturbaciones está muy optimizado. Con el ánimo de simplificar la explicación, se presentará un primer algoritmo, que no es el usado por la aplicación.

Considérese el siguiente pseudocódigo:

1 Repetir lo siguiente para cada pareja $[x,t]$ (señales de entrada y salida ideal respectivamente):

  1.1 Repetir lo siguiente para cada sinapsis de la red:

    1.1.1 Aplicar al factor a de la sinapsis una variación $-\dfrac{\delta}{2}$, de forma que queda como $a-\dfrac{\delta}{2}$.

    1.1.2 Evaluar la señal de salida[63] $y_{a-\delta/2}$ según el algoritmo de nx2 pasos[64], que calcula la red modificada frente a la señal de entrada x.

    1.1.3 Evaluar $E_{a-\delta/2}=\left|y_{a-\delta/2}-t\right|$.

    1.1.4 Aplicar al factor a de la sinapsis una variación $+\dfrac{\delta}{2}$, de forma que queda como $a+\dfrac{\delta}{2}$.

    1.1.5 Evaluar la señal de salida $y_{a+\delta/2}$ según el algoritmo de nx2 pasos, que calcula la red modificada frente a la señal de entrada x.

    1.1.6 Evaluar $E_{a+\delta/2}=\left|y_{a+\delta/2}-t\right|$.

---

63   Para que este algoritmo sea aplicable a una red cualquiera (incluso si es recurrente) basta con que esta sea evaluable en pasos como este.

64   Se podría aplicar el método de evaluación en un paso si la red fuese no recurrente. Dado que se ha fijado como aplicabilidad principal para el método de las perturbaciones el caso de las redes recurrentes, parece más coherente usar el algoritmo de evaluación en nx2 pasos, que también se puede aplicar a estas. Aunque no se indique, para el resto de pasos de evaluación del algoritmo procede la misma aclaración.

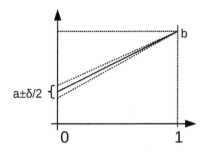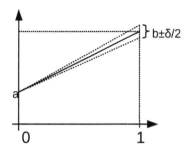

Ilustración 43: Perturbaciones aplicadas sobre los factores a y b de una sinapsis

1.1.7 Restaurar el valor original de a .

1.1.8 Aplicar al factor b de la sinapsis una variación $-\dfrac{\delta}{2}$, de forma que queda como $b-\dfrac{\delta}{2}$.

1.1.9 Evaluar la señal de salida $y_{b-\delta/2}$ según el algoritmo de nx2 pasos, que calcula la red modificada frente a la señal de entrada χ .

1.1.10 Evaluar $E_{b-\delta/2}=\left|y_{b-\delta/2}-t\right|$.

1.1.11 Aplicar al factor b de la sinapsis una variación $+\dfrac{\delta}{2}$, de forma que queda como $b+\dfrac{\delta}{2}$.

1.1.12 Evaluar la señal de salida $y_{b+\delta/2}$ según el algoritmo de nx2 pasos, que calcula la red modificada frente a la señal de entrada χ .

1.1.13 Evaluar $E_{b+\delta/2}=\left|y_{b+\delta/2}-t\right|$.

1.1.14 Restaurar el valor original de b .

1.1.15 Considerar $\dfrac{\partial E}{\partial a}=\dfrac{E_{a+\delta/2}-E_{a-\delta/2}}{\delta}$ y $\dfrac{\partial E}{\partial b}=\dfrac{E_{b+\delta/2}-E_{b-\delta/2}}{\delta}$.

Está claro que el pseudocódigo introduce perturbaciones en los factores a y b de cada sinapsis. Posteriormente calcula la influencia de estas perturbaciones en la señal de error E y en base a estas influencias calcula $\dfrac{\partial E}{\partial a}$ y $\dfrac{\partial E}{\partial b}$, que era el objetivo primordial.

Este método, sin embargo, es simplificable hasta el extremo de que las cuatro evaluaciones de la red pueden reducirse a dos, sacrificando algo de precisión. Recordando la nota 42:

$$\lim_{\delta\to0}\frac{f\left(x+\delta\right)-f\left(x\right)}{\delta}=\lim_{\delta\to0}\frac{f\left(x+\dfrac{\delta}{2}\right)-f\left(x-\dfrac{\delta}{2}\right)}{\delta}$$

Cuando se aplica numéricamente, la segunda expresión es, en el caso general, más precisa que la primera, aunque la primera permite una implementación más optimizada al requerir menor número de evaluaciones de f .

Considérese ahora el siguiente pseudocódigo que optimiza el anterior:

```
1 Repetir lo siguiente para cada pareja [x,t] (señales de entrada y salida ideal
  respectivamente):
```

1.1 Evaluar la señal de salida y según el algoritmo de nx2 pasos, que calcula la red frente a la señal de entrada x . Esta evaluación se denominará *evaluación de referencia*.

1.2 Evaluar $E=|y-t|$.

1.3 Repetir lo siguiente para cada sinapsis de la red:

1.3.1 Aplicar al valor a que entra a la sinapsis una variación $+\delta$, de forma que queda como $a+\delta$.

1.3.2 Evaluar la señal de salida $y_{a+\delta}$ según el algoritmo de nx2 pasos, que calcula la red modificada frente a la señal de entrada x .

1.3.3 Evaluar $E_{a+\delta}=|y_{a+\delta}-t|$.

1.3.4 Restaurar el valor original de a .

1.3.5 Aplicar al factor b de la sinapsis una variación $+\delta$, de forma que queda como $b+\delta$.

1.3.6 Evaluar la señal de salida $y_{b+\delta}$ según el algoritmo de nx2 pasos, que calcula la red modificada frente a la señal de entrada x .

1.3.7 Evaluar $E_{b+\delta}=|y_{b+\delta}-t|$.

1.3.8 Restaurar el valor original de b .

1.3.9 Considerar $\dfrac{\partial E}{\partial a}=\dfrac{E_{a+\delta}-E}{\delta}$ y $\dfrac{\partial E}{\partial b}=\dfrac{E_{b+\delta}-E}{\delta}$.

Adicionalmente a esta optimización, ABBANN calcula qué neuronas debe recalcular y cuáles no, debido estas últimas a que no se ven afectadas por las perturbaciones introducidas en a y b .

Estas medidas de rendimiento amortiguan, pero no evitan la complejidad computacional del orden $O(n^2)$ respecto al número de sinapsis que se menciona en la página 21.

Adaptación del algoritmo de retropropagación

El algoritmo de retropropagación descrito a partir de la página 21, con las adaptaciones adecuadas, es aplicable a la matemática del modelo de neurona de ABBANN siempre que la red no sea recurrente.

Puesto que la descripción detallada del algoritmo es algo laboriosa, se organizará la exposición en tres etapas. En primer lugar se explicará un mero resumen del mismo, luego se verá la versión más generalizada, para luego particularizarlo y optimizarlo a la matemática de ABBANN.

Comenzando, como se ha dicho, por la versión resumida:

Se establece que cada neurona y sinapsis tiene un estado de evaluación que puede ser verdadero (ya evaluada) o falso (todavía no evaluada).

Se define como neurona evaluable *para retropropagación* aquella para la que no existe ninguna sinapsis cuyo origen sea esta y no esté evaluada[65]. Hay que observar que este criterio hace inmediatamente evaluable para retropropagación cualquier neurona de salida en redes no recurrentes, ya que en tal caso estas no pueden alimentar ninguna sinapsis.

Se define como sinapsis evaluable para retropropagación aquella cuya neurona destino está evaluada.

Con el ánimo de compactar las explicaciones en adelante, cuando se hable de neuronas o sinapsis evaluables y evaluadas, se entenderá que se está referido al algoritmo de retropropagación.

El algoritmo resumido es el siguiente:

1 Asignar a todas las neuronas y sinapsis su estado de evaluación a falso.

2 Someter a la red a una señal de entrada y obtener la salida, así como el error.

3 Mientras quede al menos una sinapsis cuyo estado de evaluación sea falso:

   3.1 Para todas las neuronas evaluables y no evaluadas:

      3.1.1 Evaluar la influencia que sobre la señal de error tiene la señal de salida de estas neuronas: Este es el diferencial del error respecto a las neuronas.

      3.1.2 Asignar el estado de evaluación de estas neuronas a verdadero.

   3.2 Para todas las sinapsis evaluables y no evaluadas:

      3.2.1 Evaluar la influencia que sobre la señal de error tienen los parámetros de las funciones sinápticas: Este es el diferencial del error respecto a las sinapsis.

      3.2.2 Asignar el estado de evaluación de estas sinapsis a verdadero.

Como es evidente, el punto clave de este algoritmo es la forma en que el cálculo de los diferenciales en cada punto se apoya en resultados anteriores para lograr resolver finalmente los factores $\frac{\partial E}{\partial a}$ y $\frac{\partial E}{\partial b}$ en cada sinapsis.

Antes de entrar en el detalle del algoritmo es necesario fijar la notación.

El concepto al que se va a recurrir constantemente es el de derivada parcial.

Una aproximación numérica al cálculo de la derivada parcial es[66]:

$$\frac{\partial f(...,x,...)}{\partial x} \approx \frac{f(...,x+\delta/2,...) - f(...,x-\delta/2,...)}{\delta}$$

---

65 El concepto de evaluable para retropropagación no tiene que ver con la evaluación de la red frente a una señal de entrada. Cuando una red debe evaluar una señal de entrada, una neurona es evaluable cuando todas las neuronas origen están evaluadas, mientras que en el contexto de este algoritmo una neurona es evaluable cuando todas las sinapsis que parten de ella están evaluadas, como indica el texto.

66 En la expresión que sigue, f y x no se relacionan con elementos concretos del modelo de ABBANN. Se toman sólo a título de ejemplo de una función y variable cualesquiera. Es un buen momento para recordar lo indicado en la página 53 sobre las dos formas válidas de calcular una aproximación del diferencial de una función. En lo que sigue, se usará la expresión más precisa, pero menos optimizada. ABBANN utiliza, sin embargo, una variante de la más optimizada.

Donde $f(...,x,...)$ representa una expresión cuyo valor depende de x entre otras variables. δ representa un valor suficientemente pequeño para que la aproximación al diferencial sea precisa y suficientemente grande para que no represente problemas de coma flotante[67].

Esta última expresión se abreviará en la descripción del algoritmo. Considérese que[68] $y \equiv f(...,x,...)$, que $y_{x+\delta/2} \equiv f(...,x+\delta/2,...)$ y que $y_{x-\delta/2} \equiv f(...,x-\delta/2,...)$. Con lo que la expresión se puede reformular como:

$$\frac{\partial y}{\partial x} \approx \frac{y_{x+\delta/2} - y_{x-\delta/2}}{\delta}$$

En definitiva, $y_{x+\delta/2}$ representa el valor que toma y cuando x se ve perturbado en la medida de $+\delta/2$. Análogamente para $y_{x-\delta/2}$.

Atendiendo a esta notación, el algoritmo[69] completamente desarrollado queda de la siguiente manera:

1 Para todas las neuronas y sinapsis asignar diferencialEvaluado a falso (diferencialEvaluado es un estado lógico asociado a cada neurona y sinapsis).

2 Exponer la red a una muestra x en la entrada. Evaluar la red hasta obtener su salida y, así como el error $E=|y-t|$, donde t es la salida ideal.

3 Mientras quede alguna sinapsis[70] con diferencialEvaluado = falso:

   3.1 Para aquellas neuronas n con diferencialEvaluado = falso y que no tengan ninguna sinapsis de salida con diferencialEvaluado = falso:

      3.1.1 Si la neurona es de salida[71]:

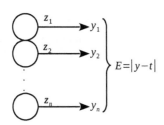

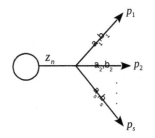

Ilustración 44: $\dfrac{\partial E}{\partial z_n}$ representa cómo influye el valor de las neuronas de salida sobre el error

Ilustración 45: $\dfrac{\partial p_s}{\partial z_n}$ representa cómo influye el valor de la salida de una neurona sobre los valores que las sinapsis hacen llegar a sus destinos

---

67   Típicamente $10^{-3} > \delta > 10^{-9}$.

68   Ídem que la nota 66 respecto a y.

69   En el siguiente pseudocódigo se ha usado a veces $\approx$ como símbolo de asignación de valores, que se suele representar con $=$. La intención ha sido la de enfatizar que lo que se calcula no es la derivada parcial, sino una aproximación.

70   El hecho de que queden neurona sin diferencial evaluado es irrelevante para el objetivo del algoritmo. Hay que recordar que este algoritmo persigue calcular los diferenciales parciales de los parámetros de las funciones sinápticas respecto al error.

71   En este contexto, una neurona de salida es toda aquella cuyo estado es tenido en cuenta para calcular el error de la red.

3.1.1.1 Calcular $\dfrac{\partial E}{\partial z_n} \approx \dfrac{E_{z_n+\delta/2} - E_{z_n-\delta/2}}{\delta}$

3.1.2 En otro caso:

    3.1.2.1 Para todas las sinapsis s cuyo origen es la neurona considerada:

        3.1.2.1.1 Calcular $\dfrac{\partial p_s}{\partial z_n} \approx \dfrac{p_{s_{z_n+\delta/2}} - p_{s_{z_n-\delta/2}}}{\delta}$

        3.1.2.1.2 Calcular $\dfrac{\partial E_s}{\partial z_n} = \dfrac{\partial p_s}{\partial z_n} \cdot \dfrac{\partial E}{\partial p_s}$

    3.1.2.2 Calcular $\dfrac{\partial E}{\partial z_n} = \displaystyle\sum_s \dfrac{\partial E_s}{\partial z_n}$

    3.1.2.3 diferencialEvaluado de esta neurona = verdadero.

3.2 Para aquellas sinapsis s con diferencialEvaluado = false y cuya neurona destino n tenga diferencialEvaluado = verdadero:

    3.2.1 Calcular $\dfrac{\partial z_n}{\partial p_s} \approx \dfrac{z_{n_{p_s+\delta/2}} - z_{n_{p_s-\delta/2}}}{\delta}$

    3.2.2 Calcular $\dfrac{\partial E}{\partial p_s} = \dfrac{\partial z_n}{\partial p_s} \cdot \dfrac{\partial E}{\partial z_n}$

    3.2.3 Calcular $\dfrac{\partial p_s}{\partial a_s} \approx \dfrac{p_{s_{a_s+\delta/2}} - p_{s_{a_s-\delta/2}}}{\delta}$

    3.2.4 Calcular $\dfrac{\partial p_s}{\partial a_s} \approx \dfrac{p_{s_{b_s+\delta/2}} - p_{s_{b_s-\delta/2}}}{\delta}$

    3.2.5 Calcular $\dfrac{\partial E}{\partial a_s} = \dfrac{\partial E}{\partial p_s} \cdot \dfrac{\partial p_s}{\partial a_s}$

    3.2.6 Calcular $\dfrac{\partial E}{\partial b_s} = \dfrac{\partial E}{\partial p_s} \cdot \dfrac{\partial p_s}{\partial b_s}$

    3.2.7 diferencialEvaluado de esta sinapsis = verdadero.

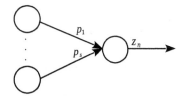

Ilustración 46: $\dfrac{\partial z_n}{\partial p_s}$ representa cómo influye el valor de cada una de las entradas de una neurona sobre su salida

Ilustración 47: $\dfrac{\partial p_s}{\partial a_s}$ y $\dfrac{\partial p_s}{\partial b_s}$ representan cómo influyen los valores de a y b de cada sinapsis sobre su salida

Las ilustraciones 44 a 47 muestran gráficamente la interpretación que tienen los diferenciales en los que se basa el algoritmo.

El valor que encierra el algoritmo anterior, en los términos en que está escrito, es que soporta cualquier forma que tomen las funciones sinápticas, de agregación y de activación. La única condición que deben cumplir es que sean derivables, aunque sea numéricamente. Para la función de activación, al criterio de derivabilidad anterior se añaden sus condiciones específicas ya indicadas en la página 34.

En el algoritmo se ha hecho gran uso del concepto de derivada parcial. El cálculo de estas derivadas parciales se implementan en él mediante el método de perturbaciones locales, que hace innecesario el disponer de la expresión analítica de la función derivada en cada caso. Lógicamente, el disponer de algunas o todas las funciones derivadas de forma analítica puede simplificar en algunos puntos el algoritmo y mejorar su rendimiento, aunque esto es a costa de hacerle perder generalidad: el algoritmo modificado de este modo sólo sería aplicable para ciertas funciones sinápticas, de agregación o de activación.

Asumiendo la notación

$$\frac{\partial y}{\partial x} \equiv \frac{\partial f(...,x,...)}{\partial x} = \lim_{\delta \to 0} \frac{f(...,x+\delta/2,...)-f(...,x-\delta/2,...)}{\delta}$$

y partiendo de las respectivas expresiones analíticas de las derivadas parciales de §(14)[72]:

$$\frac{\partial p_k}{\partial x_k} = b_k - a_k$$

$$\frac{\partial q}{\partial p_k} = \frac{A \cdot B}{\left(B \cdot (p_k-1) - A \cdot p_k\right)^2}$$

$$\frac{\partial z}{\partial q} = \begin{cases} 2^{K-1} K q^{K-1} \ si \ 0 \leqslant q \leqslant \frac{1}{2} \\ K 2^{K-1}(1-q)^{K-1} \ si \ \frac{1}{2} < q \leqslant 1 \end{cases}$$

§(20)

se puede particularizar y simplificar el algoritmo.

Como se puede apreciar, la complejidad de las expresiones en §(20) es muy diversa. Mientras que resulta evidente la ventaja de usar la derivada de la función sináptica (la primera) frente a usar el método de las perturbaciones locales; en el caso de las funciones de agregación (la segunda) y de activación (la tercera) la complejidad es parecida en ambos métodos.

En el caso de ABBANN, el algoritmo anterior se implementa recurriendo a dos optimizaciones.

En primer lugar:

Como se ha dicho, el algoritmo expuesto es válido únicamente para redes no recurrentes. En tal caso, siempre se pueden ordenar las neuronas de forma que, siguien-

---

72   En el caso de la segunda expresión, el significado de A y B es el utilizado en la página 29.

do tal ordenación, se garantiza que cada neurona visitada dependa para su evaluación de estado de neuronas previamente evaluadas[73]; desde ahora se llamará a esta *ordenación de evaluación de la red.*

Invirtiendo esta ordenación, se consigue otra que garantiza que cada neurona visitada influye mediante sus sinapsis solamente en neuronas previamente visitadas; desde ahora se llamará a esta *inversa a la ordenación de evaluación de la red.*

Precalcular la inversa a la ordenación de evaluación de la red hace innecesaria la marca de evaluación para retropropagación en cada neurona y sinapsis, ya que la ordenación visita las neuronas y sinapsis justamente como lo haría el criterio guiado por marcas. Si en los algoritmos anteriores se ha recurrido a dichas marcas ha sido por claridad de la exposición.

ABBANN calcula como primer paso del algoritmo de retropropagación la inversa de la ordenación de evaluación de la red.

En segundo lugar:

ABBANN aplica diversas simplificaciones que son posibles al particularizar el algoritmo anterior a la matemática concreta de función sináptica, de agregación y de activación, ya expuestas.

El algoritmo particularizado y optimizado de este modo queda de la siguiente manera:

1   Ordenar las neuronas según el inverso del orden de evaluación de la red.

2   Exponer la red a una muestra x en la entrada. Evaluar la red hasta obtener su salida y , así como el error $E=|y-t|$, donde t es la salida ideal.

3   Siguiendo el orden calculado en el primer punto, para cada una de las neuronas n:

3.1   Si la neurona n es de salida:

3.1.1   Calcular[74] $\dfrac{\partial E}{\partial z_n}=\dfrac{z_n-t_n}{E}$

3.2   Si no:

3.2.1   Calcular $\dfrac{\partial E}{\partial z_n}=\sum_s \left((b_s-a_s)\cdot\dfrac{\partial E}{\partial p_s}\right)$ donde s es cada una de las sinapsis cuyo origen es la neurona n.

3.3   Para todas las sinapsis s cuyo destino es la neurona n considerada:

3.3.1   Calcular[75] $\dfrac{\partial z_n}{\partial p_s}\approx\dfrac{z_{n_{p_s+\delta/2}}-z_{n_{p_s-\delta/2}}}{\delta}$

---

73   Aquí se refiere al concepto de evaluación de la red frente a una señal de entrada, y no al concepto de evaluación frente al algoritmo de retropropagación. Las primeras en la ordenación que indica el texto siempre son las neuronas de entrada, y las últimas, de salida.

74   El lector puede y debe confiar en que $\lim\limits_{\delta\to0}\dfrac{E_{z_n+\delta/2}-E_{z_n-\delta/2}}{\delta}=\dfrac{z_n-t_n}{E}$.

75   Se recurre a un cálculo basado en perturbaciones locales para calcular la influencia (derivada parcial) que sobre la salida de la neurona tiene cada una de las probabilidades entrantes que procede de cada sinapsis. Esta perturbación local resuelve numéricamente en un solo paso la derivada de la composición de la función de agregación y de activación.

3.3.2 Calcular $\dfrac{\partial E}{\partial p_s} = \dfrac{\partial z_n}{\partial p_s} \cdot \dfrac{\partial E}{\partial z_n}$

3.3.3 Calcular $\dfrac{\partial E}{\partial a_s} = \dfrac{\partial E}{\partial p_s} \cdot (1 - z_s)$ donde z_s es el estado de la neurona origen de la sinapsis s.

3.3.4 Calcular $\dfrac{\partial E}{\partial b_s} = \dfrac{\partial E}{\partial p_s} \cdot z_s$ donde z_s se interpreta como anteriormente.

Tras la ejecución de este algoritmo se tendrán calculadas para cada sinapsis las derivadas parciales $\dfrac{\partial E}{\partial a}$ y $\dfrac{\partial E}{\partial b}$, que permitirán aplicar §(15). Lo más remarcable es que estas derivadas parciales se han conseguido con una complejidad de $O(n)$ respecto al número de sinapsis, que es el beneficio que justifica la aplicación de esta variante del algoritmo de retropropagación.

Cambios en la topología

Antes de entrar de lleno en las técnicas que propone ABBANN para alterar la topología de la red durante procesos de aprendizaje, es necesario hacer unas aclaraciones previas sobre convenciones y conceptos aun no presentados.

Un aspecto muy relevante de la propuesta de ABBANN es que cada neurona se ubica en un espacio tridimensional. En otras palabras, tiene una posición. Esta posición queda definida mediante las coordenadas (x, y, z) para cada neurona.

Esta ubicación asignada a cada neurona ofrece ventajas a la hora de:

- Representar gráficamente la red.

- Definir un concepto de vecindad entre neuronas.

- Implementar algoritmos que alteran la topología de la red en base a estas ubicaciones.

El primer punto relativo a la representación de la red no es de un interés inmediato.

En cuanto al segundo punto, la vecindad de una neurona consiste en una esfera cuyo radio es una constante para toda la red. La ilustración 48 muestra esta vecindad[76]. Otras neuronas que entren dentro de esta esfera imaginaria son, en este sentido, vecinas de la neurona dada.

Este planteamiento proviene de la inspiración en el modelo biológico: La longitud media de un axón dentro del cerebro de un varón adulto podría estar alrededor de los 1.76 milímetros[77]. Esto significa que la influencia de una neurona sobre otras, a través de los axones y dendritas, tiene un carácter claramente local. Esta localidad es la que se pretende reproducir en ABBANN al establecer este concepto de vecindad entre neuronas.

---

76   La ilustración muestra un espacio bidimensional para facilitar la comprensión, pero ABBANN implementa esto en un espacio tridimensional.
77   Esta estimación proviene de lo ya expuesto en la página 7 y de los cálculos realizados en [Marner 2011].

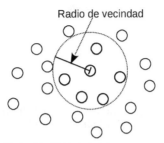

Ilustración 48: Vecindad de una neurona

Designando este radio de vecindad con R , dos neuronas son vecinas según el criterio anterior cuando sus coordenadas (x, y, z) y (x', y', z') cumplen que

$$\sqrt{(x-x')^2+(y-y')^2+(z-z')^2} \leq R$$

Aunque ABBANN permite, como se verá en la parte dedicada a la descripción del lenguaje, conectar neuronas de forma explícita en base a este criterio de localidad, no será lo habitual. El concepto de vecindad es manejado de manera indirecta a través de las técnicas de alteración de la topología de la red que propone ABBANN, que favorecen este conexionado local.

Se introduce ahora una convención que se utilizará en el resto del texto: Siempre se considerarán redes cuyas neuronas de salida se sitúan en coordenadas cuya componente Z es menor que las demás. En cuanto a las neuronas de entrada, se considerará que se sitúan en coordenadas cuya componente Z es mayor que el resto. Las neuronas internas se situarán entre ambos límites del eje Z.

Aunque en ABBANN no existe un concepto estricto de capa, el criterio anterior podría reformularse diciendo que, viajando a lo largo del eje Z en sentido decreciente, visitando primero sus valores mayores y luego sus valores menores, en primer lugar se encontraría las neuronas de entrada, luego las neuronas internas y finalmente las neuronas de salida, como se aprecia en la ilustración[78] 49. En dicha ilustración, se marcan las neuronas de entrada con "I" y las de salida con "O".

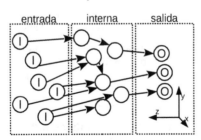

Ilustración 49: Las neuronas se ubican en un espacio tridimensional.
Además la entrada y salida se sitúan en los extremos del eje Z

---

78   En la ilustración indicada, el plano del papel corresponde con el plano Y-Z. El eje X es perpendicular al papel, y crece en dirección al lector.

Habiendo fijado lo anterior, se tienen todas la herramientas para entender las técnicas de cambio de topología que propone ABBANN.

Algoritmo de crecimiento

Se entiende como algoritmo de crecimiento el que permite crear nuevas neuronas y sinapsis a partir de otras ya existentes.

Disponer de tal algoritmo es importante. La creación de nuevas neuronas y sinapsis significa mejores oportunidades de aprendizaje para la red, al poder reconocer patrones más complejos.

El problema básico es: ¿Cómo a partir de una neurona, conectada con otras, se pueden crear otras neuronas y sinapsis impactando mínimamente en el comportamiento de la red?

El objetivo de impacto mínimo es una de las restricciones más relevantes del problema. Si se dispone de una red que ha pasado por un costoso aprendizaje, aplicar sobre ella algoritmos de crecimiento debería evitar cuanto sea posible cualquier pérdida de este valor.

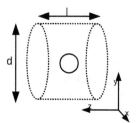

Ilustración 50: Cada neurona se ubica en un espacio
tridimensional y tiene una zona de crecimiento

Se considerará que cada neurona está rodeada por un espacio o zona de crecimiento, como se ve en la ilustración 50. Este espacio puede ser de diferente tamaño para cada neurona.

Esta zona de crecimiento consiste en un cilindro imaginario, estando la neurona en su centro. Se considerará que d es el diámetro de dicho cilindro y l su altura.

En primer lugar se analizarán los aspectos relativos a la ubicación de nuevas neuronas. Después se explicarán los aspectos de conexionado, es decir, de establecimiento de sinapsis y asignación de los parámetros de las funciones sinápticas.

Ubicación de nuevas neuronas

Todas las neuronas que se creen nuevas a partir de otra anterior deben crearse dentro del cilindro de crecimiento de esta última.

A su vez, es necesario calcular los nuevos valores de d' y l' para las nuevas neuronas, así como sus nuevas coordenadas en el espacio tridimensional.

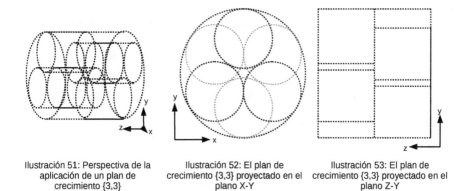

Ilustración 51: Perspectiva de la aplicación de un plan de crecimiento {3,3}

Ilustración 52: El plan de crecimiento {3,3} proyectado en el plano X-Y

Ilustración 53: El plan de crecimiento {3,3} proyectado en el plano Z-Y

El algoritmo de crecimiento debe tener en cuenta la división del cilindro original en diferentes secciones a lo largo del eje Z. Para cada una de estas secciones, también debe resolverse cómo se distribuyen los nuevos cilindros a lo largo del plano X-Y.

Se introduce ahora una notación, que expresará un plan de crecimiento aplicable a una neurona. Esta notación es una secuencia de números enteros separados por comas, mayores que 0 y encerrados entre llaves, en la que cada uno de ellos indica el número de cilindros presentes en cada sección.

Al número de elementos del plan de crecimiento se le llamará *cardinalidad*, y al valor de cada uno de ellos, *dispersión*.

Según lo anterior, un plan de crecimiento como {2,4,5} tendría una cardinalidad de 3 y dispersiones de 2, 4 y 5. Este plan señala que cada neurona sobre la que se aplique dará lugar a 11 nuevas neuronas, distribuidas en tres secciones, constando la primera de estas de 2 neuronas, la segunda de 4 y la tercera de 5. Se toma como convención que el orden en que se indican las dispersiones desciende a lo largo del eje Z, correspondiendo a una dirección que parte de la entrada de la red y avanza hacia la salida de la red. En el ejemplo recién expuesto, las 2 neuronas de la primera sección estarían dispuestas en cuanto al eje Z con mayor valor, es decir, más próximas a la entrada de la red, que las 4 neuronas de la segunda sección, que se dispondría a su vez con un Z mayor que las 5 de la tercera sección.

Planteando un nuevo ejemplo, la representación gráfica de la aplicación de un plan de crecimiento {3,3} sobre un caso como el de la ilustración 50 se puede apreciar en las ilustraciones 51, 52 y 53 en diferentes perspectivas[79].

A continuación se definirá la matemática precisa que distribuye las secciones y los nuevos cilindros de crecimiento dentro de cada sección.

Cardinalidad

Centrando ahora la explicación sobre la cardinalidad de los planes de crecimiento, es claro que afecta principalmente a la distribución de las secciones a lo largo del eje Z. Uno de los objetivos a cumplir es que, si la distribución original de las neuronas a lo

---

79   Las ilustraciones 51, 52 y 53 intentan enfatizar que los nuevos cilindros creados se ajustan perfectamente a los límites en el eje Z del original.

largo de este eje es uniforme, tras aplicar sobre ellas el algoritmo de reproducción, esta distribución debe seguir siendo uniforme. Como distribución uniforme se entiende la equidistancia entre neuronas consecutivas a lo largo del eje Z.

Considérese como ejemplo lo mostrado en la ilustración 54. En este caso se aplica en tres ocasiones consecutivas un plan de crecimiento $\{1,1\}$, es decir, con cardinalidad 2. Esto implica que, en cada aplicación, de cada neurona original se producen otras dos, distribuidas en dos secciones en el eje Z, quedando en cada sección una sola neurona, ya que la dispersión es siempre 1. Hay que señalar que únicamente se reproducen las neuronas internas. Las neuronas de entrada o de salida no se reproducen, aunque poseen su cilindro de crecimiento, y se ven afectadas por el algoritmo de reproducción según se verá.

En la ilustración 54 se indica, para cada neurona, la longitud de su cilindro de crecimiento. Dicha longitud es la flecha doble justo debajo de cada neurona, estando la neurona exactamente en su centro.

Como se puede observar, el algoritmo asegura la equidistancia entre neuronas, si tal equidistancia se produce al principio y la definición de los cilindros de crecimiento es correcta. Esta corrección se produce cuando los cilindros de crecimiento no se solapan y son contiguos a lo largo del eje Z.

Análogamente a lo indicado en el ejemplo anterior con un plan de crecimiento $\{1,1\}$, la relación existente entre los cilindros de crecimiento original y nuevos para cardinalidades superiores se aprecia en la ilustración 55. Es decir, cada nuevo cilindro es $\dfrac{1}{C}$ en longitud del original, siendo C dicha cardinalidad.

Con el ánimo de simplificar la explicación anterior, esta siempre se ha basado en dispersiones iguales a 1 en cada sección. Si estas dispersiones fuesen superiores, únicamente variaría que en cada sección a lo largo de Z convivirían varias neuronas tras el proceso de reproducción.

Se concluye que el método propuesto, en cuanto a la distribución por secciones cumple lo siguiente:

- Sin contar con las neuronas de entrada y salida, que no se reproducen, cada generación multiplica por C el número de neuronas de la generación anterior.

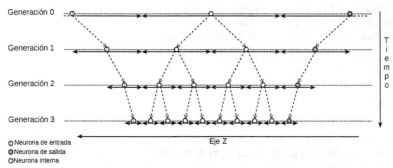

Ilustración 54: Evolución en el eje Z de las secciones cilíndricas al aplicar repetidamente un plan de crecimiento {1,1}

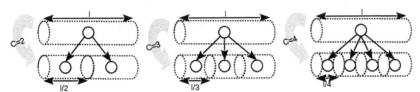

Ilustración 55: Detalles de la aplicación de planes de crecimiento de diversas cardinalidades

- El cilindro de crecimiento de las neuronas nuevas tiene una longitud $l^{(\tau+1)}=\dfrac{l^{(\tau)}}{C}$. Donde $l^{(\tau+1)}$ es la longitud del cilindro de la generación nueva, y $l^{(\tau)}$ es la longitud del cilindro de la generación anterior.

- Los cilindros de crecimiento son contiguos y no se solapan. Dicho de otro modo, el cilindro de crecimiento de cada neurona alcanza por cada extremo justo hasta el límite del cilindro de la neurona vecina. Esto es cierto incluso en la generación 0.

- Cada generación nueva recorta los límites de la red a lo largo del eje Z. Esto es, los límites de la red, medidos sobre la dimensión Z, se van estrechando a medida que se suceden las generaciones. Esto se ve claramente en la ilustración 54 al comprobar que cada generación sucesiva reduce la distancia entre las capas de entrada y salida.

Profundizando en este último punto, el algoritmo asegura la equidistancia entre neuronas, incluidas las de entrada y salida, que están a ambos extremos en el eje Z de la red. Para ello, estas deben moverse en cada generación, estrechando la red en lo que respecta al eje Z. La ilustración 54 muestra este efecto con una cardinalidad 2.

Para simplificar la explicación, se supone que se parte de una red con una sola neurona interna entre una capa de neuronas de entrada y otra de neuronas de salida. La longitud original $l^{(0)}$ de los cilindros de crecimiento es igual para todas las neuronas, y esto implica claramente que sea la mitad de la distancia entre las capas de entrada y salida, como se ve en la ilustración 56.

En cuanto a las neuronas internas, los sucesivos ciclos de reproducción no alteran el espacio ocupado por estas neuronas, dado que los cilindros de las nuevas neuronas se ajustan perfectamente en el eje Z a los cilindros de sus antecesoras, como se observa en la ilustración 55.

En lo que respecta a las neuronas de entrada o de salida, esto no es así. Dichas neuronas no se pueden reproducir. Pero el algoritmo debe asegurar que siguen quedando en ubicaciones equidistantes de las vecinas internas, por eso debe ejecutar para ellas un ciclo de reproducción en el que sólo se genera la más próxima al resto de la red, omitiendo la generación del resto. Esto es perfectamente equivalente a aplicar un

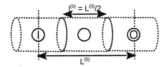

Ilustración 56: Punto de partida de una red en crecimiento

desplazamiento sobre las mismas, como se ve en la ilustración 57.

La magnitud en la que se reduce cada extremo de la red en cada iteración $\tau+1$ es $\dfrac{l^{(\tau)}}{2}-\dfrac{l^{(\tau)}}{2\cdot C}$, donde $l^{(\tau)}$ es la longitud del cilindro de crecimiento en la iteración τ , y donde C es la cardinalidad que por ahora se va a suponer constante a lo largo de todas las iteraciones. El estrechamiento debido a ambos extremos de la red en cada iteración es, por tanto, $l^{(\tau)}-\dfrac{l^{(\tau)}}{C}$.

Dado que $l^{(\tau)}=\dfrac{l^{(\tau-1)}}{C}$, la segunda parte de la igualdad se puede seguir sustituyendo recursivamente hasta $\tau=0$, resultando en[80] $l^{(\tau)}=\dfrac{l^{(0)}}{C^{\tau}}$.

Para calcular el estrechamiento total de la red al cabo de un número infinito de iteraciones hay que sumar la serie $\displaystyle\sum_{\tau=0}^{\infty}l^{(\tau)}-\dfrac{l^{(\tau)}}{C}$ equivalente a $\displaystyle\sum_{\tau=0}^{\infty}\dfrac{C-1}{C}\dfrac{l^{(0)}}{C^{\tau}}$, que resulta en[81] $l^{(0)}$, es decir, la longitud del cilindro de crecimiento en $\tau=0$.

Este resultado no debe extrañar, ya que intuitivamente se puede apreciar que el cilindro de crecimiento de cada neurona de entrada o salida va disminuyendo en cada iteración, pero en el caso de las internas los nuevos cilindros vienen a ocupar exactamente el espacio de los originales, aunque aumentando su número[82], lo que significa que el espacio de crecimiento de las neuronas internas nunca varía. Dado que cada neurona de entrada o de salida está en el centro de su cilindro, el viaje que realiza en estas reducciones es, como máximo, de $\dfrac{l^{(0)}}{2}$ que, aplicado a los dos extremos de la red (entrada y salida), resulta en una reducción de $l^{(0)}$. Dicho de otro modo: lo único que se va sacrificando a lo largo del eje Z es lo ocupado por los cilindros de crecimiento de las neuronas de entrada y salida, ya que lo ocupado por los cilindros de crecimiento de las neuronas internas siempre se preserva.

Aunque toda la explicación anterior se ha basado en una cardinalidad constante a lo largo de la ejecución del algoritmo, a la vista del resultado recientemente obtenido, se concluye que este es válido incluso si se alternan diferentes cardinalidades durante su ejecución.

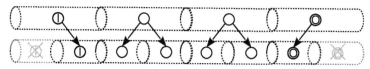

Ilustración 57: Las neuronas de entrada (extremo izquierdo) y salida (extremo derecho) no se reproducen como las internas (centrales)

80　En este caso es muy importante interpretar bien la notación: x^{τ} significa x elevado a la potencia τ , mientras que $x^{(\tau)}$ significa x en la iteración o en el momento τ .

81　En este cálculo se aplica que $\displaystyle\sum_{n=0}^{\infty}\dfrac{1}{C^{n}}=\dfrac{C}{C-1}$, como es bien conocido.

82　Lógicamente, siempre que la cardinalidad sea mayor que 1.

El resultado más significativo de todo el anterior análisis es que la aplicación repetida de los algoritmos de crecimiento propuestos suponen un estrechamiento de la red a lo largo del eje Z, pero este estrechamiento no supone un colapso de la red, sino que, como mucho, el tamaño de la red se reduce en un valor equivalente a la longitud inicial de los cilindros de crecimiento[83].

Dispersión

Habiendo analizado ya el comportamiento del algoritmo en cuanto a la cardinalidad, se pasa ahora a analizar la dispersión.

Así como la cardinalidad afecta principalmente al eje Z, la dispersión afecta a la distribución, dentro de cada sección, de los cilindros de crecimiento en el plano X-Y. Conviene ahora recordar las ilustraciones 51, 52 y 53, especialmente la segunda.

Lo que se plantea a este respecto es una distribución de los nuevos cilindros de crecimiento inscritos dentro del cilindro original, de forma que toquen la periferia del mismo, así como que se toquen entre sí. Con esto se pretende que la ocupación en el espacio de los nuevos cilindros de crecimiento sea óptima respecto al cilindro original.

El valor de la dispersión dentro de cada sección da lugar a diferentes patrones de distribución.

El hecho de que el algoritmo de ABBANN disponga los nuevos cilindros de crecimiento siempre en la periferia del cilindro original introduce una limitación. Como se ha dicho, se pretende que la ocupación del espacio sea óptima. Dada la distribución descrita, esto ocurre cuando la dispersión toma valores entre 1 y 6, como en la ilustración 58; para dispersiones superiores[84], esta distribución no da lugar a ocupaciones óptimas[85], como se ve en la ilustración 59.

Queda por fijar la matemática exacta que produce estos patrones de dispersión.

Este problema se reduce a calcular el radio de los círculos menores r en función del radio del círculo mayor R en el que deben estar inscritos. Tal relación queda fijada con

---

83 Este resultado es válido si el cilindro de crecimiento inicial tiene la misma longitud para las neuronas de entrada y salida. Si fuesen distintas, siendo $l_i^{(0)}$ la longitud inicial del cilindro de las neuronas de entrada, y $l_o^{(0)}$ la de las de salida, la reducción total sería $\dfrac{l_i^{(0)} + l_o^{(0)}}{2}$.

84 El caso de la dispersión 6 es interesante. Es el único caso de los expuestos en el que hay infinitos patrones de ocupación óptima. Una posibilidad es el patrón de distribución en periferia, que es el que se muestra en la ilustración 58. El resto de opciones consisten en patrones con un círculo en el centro y los otros cinco alrededor, de forma que estos últimos pueden *rodar* alrededor del primero, según un número infinito de posibles distribuciones.

85 Hay toda una rama de las matemáticas dedicada a este problema. Bajo el término *empaquetamiento* se analiza en matemáticas la ocupación óptima del volumen (esferas) o del plano (círculos) con tamaños iguales o diversos, así como con restricciones del contenedor que las alberga o sin tal restricción. Uno de los resultados más relevantes fue el conseguido por Gauss, que demostró que la organización óptima de círculos iguales en el plano, cuando no hay restricciones en cuanto al contenedor, es en retícula hexagonal, también conocida como *panal de abeja*. Justamente esta organización es la que se muestra en la ilustración 59 (derecha), que está más optimizada que la distribución en periferia (izquierda).

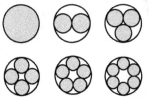

Ilustración 58: Patrones de crecimiento
para las dispersiones 1 a 6

Ilustración 59: Para la dispersión 7, la
distribución en periferia (izquierda) no da lugar a
ocupación óptima del espacio (derecha)

la siguiente fórmula[86], donde D es la dispersión, es decir, el número de círculos menores a inscribir:

$$r = R \frac{sen\left(\frac{\pi}{D}\right)}{1 + sen\left(\frac{\pi}{D}\right)} = \frac{R}{\frac{1}{sen\left(\frac{\pi}{D}\right)} + 1}$$

Una vez conocido este radio, la ubicación de cada círculo es trivial de calcular, dado que sólo hay que lanzar vectores desde el centro del círculo mayor, a intervalos de ángulos iguales, según la dispersión, cuyos centros están a una distancia $R - r$ respecto al centro del círculo mayor. Esto se aprecia en la ilustración 60.

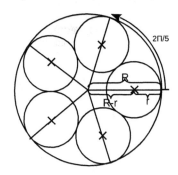

Ilustración 60: Los círculos menores se distribuyen
uniformemente en la periferia del círculo mayor

Conexionado

Una vez analizados los aspectos de ubicación de nuevas neuronas, se procede a analizar los aspectos de conexionado y asignación de los parámetros de las funciones sinápticas.

El problema fundamental al que se pretende dar respuesta es: una vez que una neurona, conectada al resto de la red, ha sido reproducida, ¿cuál es la mejor forma de disponer el conexionado para las neuronas recién creadas?

---

86   El sitio de donde esta fórmula ha sido tomada está indicado en el epígrafe de créditos.

Tal conexionado debe tener en cuenta tanto las propias neuronas nuevas, reproducidas a partir de la considerada, como aquellas que no han sido reproducidas, pero que se relacionaban con la original.

Por otro lado, mediante una correcto conexionado, hay que satisfacer lo indicado en la página 62 sobre causar el mínimo impacto sobre el comportamiento original de la red.

En la ilustración 61 se muestra una situación de partida de un fragmento de red.

Dando por ejecutada la reproducción de neuronas descrita en el epígrafe dedicado a la *ubicación de nuevas neuronas*, el algoritmo de conexionado que se propone sigue los siguientes pasos:

1. Creación de sinapsis, todas con parámetros a y b neutros:

   1.1. Para cada una de las nuevas neuronas de la primera sección se replican todas la sinapsis que tenían como destino la neurona reproducida, salvo que esta última sea una sinapsis recurrente directa (la neurona origen y destino son la misma).

   1.2. Para cada una de las nuevas neuronas de la última sección se replican todas las sinapsis que tenían como origen la neurona reproducida, salvo que esta última sea una sinapsis recurrente directa (la neurona origen y destino son la misma).

   1.3. Cada neurona nueva se une mediante sinapsis a todas las neuronas de la siguiente sección, siendo la primera el origen, y las segundas los destinos de estas sinapsis.

   1.4. Si la neurona origen tiene una recurrencia directa (la neurona origen y destino son la misma), debe agregarse un juego de sinapsis que conecte todas las neuronas de la última sección (orígenes de las sinapsis) con todas las neuronas de la primera sección (destino de sinapsis).

2. Asignación de parámetros a y b de funciones sinápticas:

   2.1. Se selecciona una de las nuevas neuronas de la primera sección al azar, siendo esta la ultima_neurona_del_camino, y para todas las sinapsis que llegan a ella se copian los parámetros a y b de las sinapsis que llegaban a la neurona reproducida.

   2.2. Para cada una de las secciones desde la segunda hasta la última del plan, siendo en cada caso tal sección la S:

      2.2.1. Escoger una neurona de la sección S al azar, siendo esta la siguiente_neurona_neurona_del_camino. Asignar a la sinapsis que une a la ultima_neurona_del_camino con la siguiente_neurona_del_camino

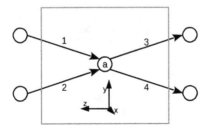

Ilustración 61: Caso de partida para mostrar
algoritmos de conexionado

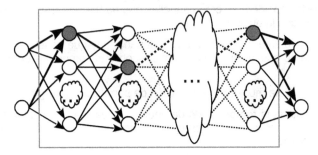

Ilustración 62: Esquema general de conexionado tras aplicar un plan de crecimiento

los parámetros a y b que la convierten en una sinapsis identidad (0 y 1 respectivamente).

2.2.2. ultima_neurona_del_camino = siguiente_neurona_del_camino.

2.3. Para todas las sinapsis que parten de ultima_neurona_del_camino se copian los parámetros a y b de las sinapsis que partían de la neurona reproducida. No se tiene en cuenta en este caso una posible sinapsis recurrente directa (ya tratada en 2.1).

Es necesario aclarar que un plan de crecimiento válido puede tener una cardinalidad de 1, con lo que algunos pasos se aplicarían sobre las mismas neuronas nuevas, y algunos pasos no se aplicarían, ya que la única sección del plan de crecimiento sería al mismo tiempo la primera y la última.

El algoritmo expuesto provoca un conexionado completo sección a sección de las nuevas neuronas mediante sinapsis de tipo neutro, además de la creación de una cadena de sinapsis a través de esas secciones de sinapsis de tipo identidad.

En la ilustración 62 se ve el resultado de aplicar sobre la topología de partida de la ilustración 61 el algoritmo descrito. En ella pueden verse enfatizadas las sinapsis y neuronas que forman el camino no neutro cuya utilidad se explicará más tarde.

Esta topología nueva tiene unas propiedades deseables que se analizarán en los siguientes epígrafes.

Como es lógico, las neuronas que se crean como consecuencia de este algoritmo son susceptibles de sufrir más procesos de reproducción, convirtiendo el proceso en recursivo y en una fuente de creación de complejidad dentro de la red.

En lo que sigue, se analizará por separado la relación, en términos de comportamiento de la red, que existe entre la topología original y la nueva topología obtenida tras aplicar un plan de crecimiento con una cardinalidad y dispersión dadas.

Impacto de la cardinalidad

Iniciando en primer lugar el análisis de la cardinalidad, se propone un plan de crecimiento {1,1,1}. Tal plan tiene una cardinalidad de 3, y una dispersión constante en cada sección de 1.

Dicho plan de crecimiento, aplicado sobre la neurona *a* de la ilustración 61, daría lugar a una topología como la mostrada en la ilustración 63, siendo sustituida aquella por las neuronas *b*, *c*, y *d*.

Hay que reparar que las sinapsis *1*, *2*, *3* y *4* de la situación de partida son suprimidas, y las *1'*, *2'*, *3'* y *4'* son creadas como sinapsis nuevas. Y esto es a pesar de la similitud gráfica entre ellas en los dos diagramas. Esto es necesariamente así, aunque sólo sea porque la neurona *a* desaparece, y con ella todas las sinapsis que tienen a esta por origen o destino.

Tras aplicar el algoritmo descrito, las sinapsis *1'*, *2'*, *3'* y *4'* tienen los mismos parámetros *a* y *b* de funciones sinápticas que *1*, *2*, *3* y *4* respectivamente.

En cuanto a las sinapsis *5* y *6*, el algoritmo les asignará la función identidad. Esto, unido a que en las neuronas *c* y *d* no hay más que una sinapsis de entrada, reduce todo el cálculo para estas dos neuronas a la influencia de sus funciones de activación, que son exponenciales.

Es el momento de recordar la forma de la función de activación en §(12), ya que el resultado de la neurona *d* es una doble aplicación de la misma. Se supondrá para este caso que $k>0$:

$$g(g(x))=g^2(x)=\begin{cases} 2^{k^2-1}x^{k^2} \, si \, 0\le x\le\dfrac{1}{2} \\ 1-2^{k^2-1}(1-x)^{k^2} \, si \, \dfrac{1}{2}<x\le 1 \end{cases} \qquad §(21)$$

Comparando §(21) con §(12) se comprueba que al pasar de $g(x)$ a $g^2(x)$ la expresión varía convirtiendo el factor k en k^2. Es decir, si $k>1$, aumenta la dureza de la curva, pero sigue siendo una función exponencial, es decir, del mismo tipo que la original.

En general, y siempre que[87] $k>0$, al aplicar n veces consecutivas la función de activación, la función resultante es:

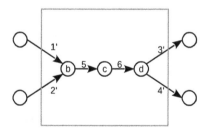

Ilustración 63: Toplogía resultante tras un plan de
crecimiento {1,1,1}

---

87   Esta condición es la que asegura que si $x\in[0,\dfrac{1}{2}]$ entonces $g(x)\in[0,\dfrac{1}{2}]$, y si $x\in(\dfrac{1}{2},1]$

entonces $g(x)\in(\dfrac{1}{2},1]$.

$$g^{n}(x)=\begin{cases} 2^{k^{n-1}}x^{k^{n}}\,si\,0\leq x\leq\dfrac{1}{2} \\ 1-2^{k^{n-1}}(1-x)^{k^{n}}\,si\,\dfrac{1}{2}<x\leq 1 \end{cases}$$

§(22)

Como final de este análisis se ofrece en la ilustración 64 la comparación de cuatro niveles de composición de la función §(12).

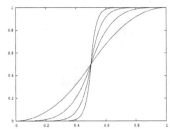

Ilustración 64: La función de activación de ABBANN
con k=2 compuesta hasta cuatro veces

Volviendo al objetivo del epígrafe, la conclusión es que el efecto de la cardinalidad sobre el comportamiento de la red, para las neuronas que sufren un proceso de crecimiento, consiste en una intensificación de la función de activación si $k>1$. Esta intensificación equivale a elevar el valor de k en §(12) a la potencia del número de composiciones.

Impacto de la dispersión

En este epígrafe se analizará el impacto que sobre la red tiene la dispersión del plan de crecimiento.

Como punto de partida se tomará de nuevo el caso de la ilustración 61.

El plan de crecimiento que se considerará será {3} , que tiene una cardinalidad de 1 y una dispersión de 3 en su única sección.

Aplicando en a dicho plan de crecimiento, se obtiene una topología como la de la ilustración[88] 65.

La primera clave para entender este proceso es que, si bien es cierto que las neuronas a', b y c se crean nuevas, una de ellas, escogida al azar por el algoritmo descrito, cumple un papel especial y distinto de las otras dos.

La neurona a' es la auténtica sustituta de a. Este papel se traduce en replicar las funciones sinápticas de 1, 2, 3 y 4 en 5, 8, 11 y 14 respectivamente.

Las neuronas b y c reproducen el mismo conexionado que a (y que a'), pero las funciones sinápticas de la sinapsis que llegan o parten de ellas, que en el ejemplo son 6, 7, 9, 10, 12, 13, 15 y 16, se asignan a la función neutra.

---

88   Hay que observar que las ilustraciones 65 a 68 están en un espacio tridimensional. Los óvalos punteados representan circunferencias inscritas en un un plano paralelo al X-Y ortogonal al papel.

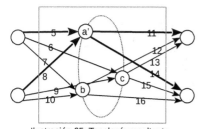

Ilustración 65: Topología resultante
tras un plan de crecimiento {3}

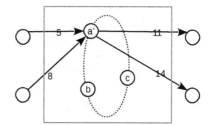

Ilustración 66: Topología equivalente, en términos
de evaluación, a la de la ilustración 65

La anterior asignación de funciones sinápticas da como efecto global que las neuronas externas al proceso de reproducción (las que en la ilustración 63 están fuera del rectángulo) no perciben cambio alguno.

La razón es que las sinapsis cuyas funciones sinápticas son neutras se hacen *invisibles* cuando son combinadas en las funciones de agregación que se evalúan en las neuronas, tal como quedó claro en la página 30.

Por lo anterior, la red de la ilustración 65 es equivalente, en términos de evaluación de los estados de las neuronas externas a la reproducida, a la de la ilustración 66.

Poco valor tendría esta transformación si todo quedase como se acaba de explicar. Lógicamente, la topología que queda en la ilustración 65 permite iniciar otros ciclos de aprendizaje en los que todas la sinapsis nuevas, estén o no asignadas a la función neutra, vayan decantándose hacia valores que caractericen patrones más complejos que los reconocibles mediante la topología de la ilustración 61.

La conclusión es que, con el método propuesto, es posible introducir dispersión en un plan de crecimiento sin que este afecte al comportamiento de la red.

Combinación de ambos impactos

En los dos epígrafes anteriores se ha asumido que o bien la cardinalidad o bien las dispersiones de un plan de crecimiento son 1. Esto ha sido por conveniencia y claridad en la exposición.

Tomando, una vez más, la topología de la ilustración 61 como partida, se plantea ahora un plan de crecimiento que combina sin restricciones la cardinalidad y la dispersión.

Considérese ahora el plan de crecimiento {5,5} , cuya cardinalidad es 2 y cuya dispersión es 5 en cada sección. Aplicando dicho plan a la neurona *a*, se obtendría una topología como la de la ilustración 67.

En esta ilustración las sinapsis no numeradas son neutras. En cuanto a las numeradas como *1'*, *2'*, *3'* y *4'*, son iguales, en cuanto a sus parámetros de funciones sinápticas, a las *1*, *2*, *3* y *4* de la ilustración 61. La sinapsis *5* es de tipo identidad.

Las neuronas *b* y *c*, y las sinapsis numeradas, son las que realmente vienen a sustituir el comportamiento de la red original. Esta sustitución es imperfecta ya que, como ahora es claro, aunque el efecto de las dispersiones en las dos secciones recién

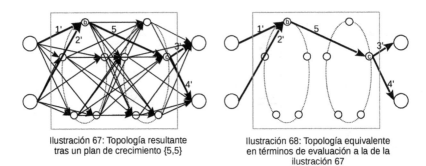

Ilustración 67: Topología resultante
tras un plan de crecimiento {5,5}

Ilustración 68: Topología equivalente
en términos de evaluación a la de la
ilustración 67

creadas no modifica este comportamiento, la cardinalidad sí lo hace, volviendo más pronunciada o brusca la respuesta de la red por efecto de las funciones de activación.

Salvo por la influencia de las funciones de activación, la topología de la ilustración 68 es equivalente por su evaluación a la de la ilustración 67.

A partir de este momento, como se ha dicho, lo que se pretende es que las numerosas sinapsis recién creadas, neutras o no, respondan de forma diversa a fases de aprendizaje que se iniciarán inmediatamente; y que permitirán evolucionar de una red simple y con poca capacidad de aprender, como es la de la ilustración 61, a otra red con un potencial de aprendizaje mucho mayor, como la de la ilustración 67.

Decidiendo qué neuronas deben reproducirse

En lo que respecta a la selección de neuronas que deben reproducirse o no, hay un criterio inicial evidente: Las neuronas de entrada y salida no deben hacerlo, ya que están sujetas a restricciones que lo impiden.

En el caso de las neuronas de entrada, deben adaptarse a la forma que tome la información que ingresa en la red. Por ejemplo, si la información de entrada es una matriz bidimensional de 100 por 100 unidades, permitir la reproducción de esta capa obligaría a adaptar las dimensiones de la señal que se lee.

En el caso de las neuronas de salida, como se ha dicho con anterioridad, es muy común que cada neurona represente un patrón a reconocer, y carecería de sentido el cambiar la estructura de esta capa.

Así que las únicas que se pueden reproducir aportando valor a la red son las neuronas internas.

Ciertamente, un criterio trivial sería reproducir todas bajo el mismo plan de crecimiento. Sin embargo sería útil disponer de algún otro criterio que permitiese saber qué neuronas son las mejores candidatas. Dicho de otro modo: ¿Cuáles son las neuronas internas cuya reproducción aportaría mayor beneficio a la red?

Los elementos que se ajustan durante el proceso de aprendizaje son los parámetros de las sinapsis, concretamente los factores a y b de las funciones sinápticas.

Hay que recordar al respecto que para cada sinapsis se evalúa $\dfrac{\partial E}{\partial a}$ y $\dfrac{\partial E}{\partial b}$, donde E es la diferencia entre la salida deseada y la real.

La evaluación de estos diferenciales impulsan los parámetros a y b a crecer cuando los diferenciales son negativos, o a decrecer cuando son positivos.

Cuando al aplicar muchos ciclos de entrenamiento estos diferenciales adquieren valores normalmente positivos o normalmente negativos, la interpretación natural es que todas las señales de entrada impulsan a y b en el mismo sentido, en el que se encuentran sus valores óptimos que minimizan E .

En cambio, cuando los valores positivos y negativos de estos diferenciales tienden a alternarse, la interpretación natural es que diferentes señales de entrada, y sus correspondientes salidas ideales, impulsan los valores de a y b hacia óptimos que están en valores diferentes. De hecho, en valores diametralmente opuestos respecto a su valor actual.

Cuando esto último se produce, se hablará de *tensión sináptica*.

La tensión sináptica se evalúa con

$$T_{jk} = T_{jk_a} + T_{jk_b} \tag{§(23)}$$

Es decir, es la suma de la tensión descrita en cada uno de los parámetros a y b . Estas tensiones parciales se calculan de la siguiente manera:

$$T_{jk_a} = T^+_{jk_a} \cdot T^-_{jk_a}$$

con $\quad T^+_{jk_a} = \dfrac{\sum_\tau \dfrac{\partial E^{(\tau)}}{\partial a^{(\tau)}_{jk}}}{\tau}\quad$ para cada $\dfrac{\partial E^{(\tau)}}{\partial a^{(\tau)}_{jk}} > 0\quad$ y $\quad T^-_{jk_a} = \dfrac{\sum_\tau \dfrac{\partial E^{(\tau)}}{\partial a^{(\tau)}_{jk}}}{\tau}\quad$ para cada $\dfrac{\partial E^{(\tau)}}{\partial a^{(\tau)}_{jk}} < 0$

Donde cada sumatorio agrega las ocurrencias de τ que verifican el criterio indicado para $\dfrac{\partial E^{(\tau)}}{\partial a^{(\tau)}_{jk}}$ en cada caso. En ambas expresiones se divide por el total de ocurrencias con el fin de normalizar su valor respecto a τ .

Por convención se considera que $T^+_{jk_a} = T^-_{jk_a} = 0$ si el número de ocurrencia de τ es 0.

Todo lo anterior se aplica análogamente con T_{jk_b} .

La explicación intuitiva de las anteriores expresiones es que se calcula por separado el sumatorio de los diferenciales parciales positivos y negativos, y estos sumatorios se normalizan dividiendo entre el número de ciclos de entrenamiento, representados por τ . Posteriormente, estos sumatorios normalizados se multiplican entre sí. Este cálculo se realiza tanto sobre el factor a como b , y finalmente se suman ambos en §(23).

Lo anterior fija un criterio para calcular la tensión sináptica.

Es posible trasladar el concepto de tensión sináptica al de *tensión neural*.

Considerando el promediado de las tensiones sinápticas de todas las sinapsis que llegan o parten de una neurona N dada:

$$T_N = \frac{\sum_k T_{Nk} + \sum_j T_{jN}}{k+j}$$

§(24)

Por convención se considera que $T_N = 0$ si $k+j = 0$.

La expresión §(24), apoyada en §(23), es la evaluación de la tensión neural de cada neurona dentro de la red.

Cuanto mayor sea esta tensión neural, mejor candidata es la neurona a reproducirse con dispersiones grandes en la primera y última sección de un plan de crecimiento. La razón es que, dado que en esa reproducción se multiplican las sinapsis, esta multiplicidad da la oportunidad a la red de buscar en partes separadas los diversos óptimos de los elementos a y b en los que se produce la tensión. Cada una de estas partes recién creadas pueden buscar sus parámetros óptimos de forma independiente, y no pugnando en direcciones contrarias dentro de la misma sinapsis. Esto se puede resumir indicando que cuando una neurona se reproduce con dispersiones altas en sus secciones primera y última, las tensiones neurales de las nuevas neuronas tienden a ser inferiores a la de la neurona original si no se hubiese reproducido.

Una vez calculada esta tensión neural para cada neurona tras un ciclo de entrenamiento, podrían ordenarse estas de mayor a menor por su tensión, y escoger las primeras de la lista para aplicarles planes de crecimiento con dispersiones mayores.

El cálculo de la tensión sináptica tiene, no obstante, un inconveniente, y es que es sensible a la distancia que separa a la sinapsis de la capa de entrada o salida: cuanto mayor es la distancia, en términos de las neuronas que la separan, de la capa de salida, menor es el valor que arroja su tensión sináptica. Dicho de otro modo, las sinapsis más próximas a la capa de entrada suelen tener una tensión sináptica inferior a la que están cerca de la capa de salida. Este comportamiento de la tensión sináptica se propaga a la tensión neural. Esto significa que la ordenación y filtrado propuestos debe hacerse entre neuronas que estén a la misma distancia de entrada y salida de la red, y no de forma global a toda la red.

Una vez escogidas la neuronas que deben reproducirse, a todas ellas se les aplicaría el mismo plan de crecimiento.

En cuanto a las neuronas no escogidas para reproducirse, lo mejor sería aplicarles un plan de crecimiento simplificado, consistente en conservar la cardinalidad, y asignar a cada sección una dispersión[89] constante de 1. La razón es que, de no reproducirlas en absoluto, no se podría respetar de forma uniforme lo indicado a partir de la página 63 sobre la evolución y distribución en el eje Z de la red.

Es importante remarcar que para que estas tensiones sinápticas y neurales tan beneficiosas se produzcan, es necesario que los ciclos de entrenamiento las generen. Es cierto que es difícil o imposible saber qué ordenación de las muestras de entrenamiento pueda favorecer esto. Así que la mejor decisión es ordenar al azar estas muestras, rompiendo así cualquier propiedad estadística que puedan tener.

---

89   Por ejemplo, un plan de crecimiento como {3,2,3}, quedaría convertido en {1,1,1}.

Simplificación

Se entenderán como técnicas de simplificación de la red aquellas que permitan eliminar neuronas y sinapsis de forma selectiva. Esta eliminación debe modificar lo mínimo posible el comportamiento de la red.

El planteamiento de ABBANN es que la selección de elementos a eliminar comienza por identificar las sinapsis más propicias a sacrificar, propagando luego este criterio a las neuronas.

Criterio de la menor información sináptica

Recordando lo indicado en la página 30, el impacto sobre la función de agregación de la probabilidad $\frac{1}{2}$ es nula, es decir, podrían despreciarse los factores con este valor, y la salida de la función de agregación sería la misma.

La función de agregación no hace más que combinar valores que proceden de las sinapsis que llegan a la neurona. Estos valores son, a su vez, evaluaciones de las funciones sinápticas.

La forma evidente en que una sinapsis siempre devuelve una evaluación de $\frac{1}{2}$, sea cual sea el valor de la neurona de origen, es que en §(7) debe ocurrir que $a_{jk} = \frac{1}{2}$ y $b_{jk} = \frac{1}{2}$, como se ve en la ilustración 69, es decir, debe ser la función neutra.

Lo anterior quiere decir que se podrían suprimir de una red todas las sinapsis en las que $a = b = \frac{1}{2}$ sin que la red sufriese ningún cambio en su comportamiento.

En conclusión, las sinapsis neutras no contienen ni aportan información alguna a la red, y por tanto son prescindibles.

Considérese ahora una función sináptica como la de la ilustración 70.

En este caso $a'_{jk} = a_{jk} \pm \epsilon_{a_{jk}}$ y $b'_{jk} = b_{jk} \pm \epsilon_{b_{jk}}$. Si en estas últimas expresiones se cumple $|\epsilon_{a_{jk}}| \le \epsilon$ y $|\epsilon_{b_{jk}}| \le \epsilon$ con ϵ suficientemente pequeño, se puede hablar de sinapsis cuasi-

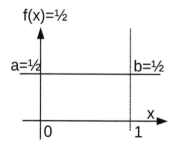

Ilustración 69: Una función sináptica neutra, sin impacto en la función de agregación

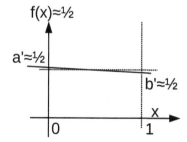

Ilustración 70: Función sináptica cuasi-neutra

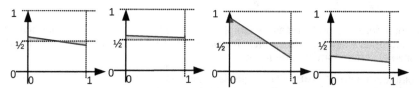

Ilustración 71: Funciones sinápticas con poca información (izquierda) y con mucha información (derecha)

neutras. Esto es debido a que con valores pequeños de ϵ la influencia de estas sinapsis en el comportamiento de la red es así mismo pequeña.

Considerando este impacto pequeño, la supresión de sinapsis cuasi-neutras puede utilizarse como un mecanismo de simplificación de la red que sacrifica poco en términos de funcionamiento de la misma.

Es interesante considerar ahora cada sinapsis en términos de la información que contiene y aporta a la red. La medida en que los valores a y b en cada sinapsis se apartan de $\frac{1}{2}$ determinan esta cantidad de información. De hecho, esta información depende del (aunque no equivale al) área comprendida entre la función sináptica y el valor $\frac{1}{2}$, como se aprecia en algunos ejemplos en la ilustración 71.

Este área viene determinada por

$$\int_0^1 \left|(b-a)x+a-\frac{1}{2}\right| \cdot \partial x = \frac{(2a-1)\cdot|2a-1|+(1-2b)\cdot|2b-1|}{8(a-b)} = s$$

Una medida en bits de la información que contiene este área es $\log_2(2s+1)$, es decir:

$$\log_2\left(\frac{(2a-1)\cdot|2a-1|+(1-2b)\cdot|2b-1|}{4(a-b)}+1\right) \qquad \S(25)$$

En §(25) se produce una singularidad cuando $a=b$, que se resuelve considerando

$$\lim_{b\to a} \frac{(2a-1)\cdot|2a-1|+(1-2b)\cdot|2b-1|}{4(a-b)} = |2a-1|$$

Lo que quiere decir que si $a=b$, §(25) puede calcularse como $\log_2(|2a-1|+1)$

Esta métrica de la información de una sinapsis tiene varias propiedades convenientes: Si se cumple que $a\in[0,1]$ y que $b\in[0,1]$, la métrica se mueve también en el intervalo $[0,1]$. Por otro lado, si $a=b=\frac{1}{2}$, se produce un mínimo en el cálculo de la información que contiene la sinapsis, tomando el valor 0. Por el contrario, si $a=b=0$ o $a=b=1$, se produce un máximo, calculándose una información equivalente a 1 bit. Para valores diferentes de a y b se producen otros valores intermedios. Todo esto puede apreciarse en la ilustración 72.

En ABBANN, como será explicado más tarde, se pueden eliminar las sinapsis que aportan menos a la red, estableciendo el nivel de información mínima que una sinapsis debe contener para no ser eliminada. Esto permite fijar valores muy pequeños de

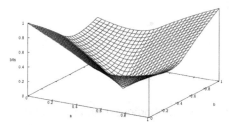

Ilustración 72: Bits de información que contiene una sinapsis en función de a y b

tal métrica, que sacrificarán pocas sinapsis, perdiendo con ellas poca información de la red; o bien fijar valores mayores, que simplificarán sustancialmente la red al eliminar más sinapsis, pero impactando más el comportamiento.

Criterio de la menor tensión sináptica

Otro criterio a tener en cuenta es el de la tensión sináptica.

En principio, aquellas sinapsis con mayor tensión, aunque aporten poca información, no son propicias para ser sacrificadas. Lo mejor que se puede hacer con ellas es someter a las neuronas que son origen y destino de la misma a una reproducción, y dejar que las nuevas sinapsis se decanten en sentidos diferentes, como se indica en la página 75.

Se podría decir que estas sinapsis, aunque no aporten actualmente mucho a la red, son *prometedoras*.

Si en una sinapsis concurre que está sometidas a poca tensión y además aporta poca información, esta es la candidata ideal a ser eliminada.

Eliminación de neuronas

En cuanto a las neuronas, hay que indicar que la eliminación de sinapsis puede dar lugar a que algunas queden impedidas para impactar en el comportamiento de la red. Concretamente, aquellas neuronas internas[90] que no son origen de ninguna sinapsis pueden ser suprimidas.

Este criterio es consistente con lo indicado en la página 7. Allí se indica que el aprendizaje biológico está basado, en gran parte, en destruir lo que no es útil.

Por otro lado, en el caso de neuronas internas que carecen de sinapsis por las que recibir señales de otras, a la vista de la matemática expuesta en la página 32, relativa a la función de agregación, la evaluación de dichas neuronas será siempre $\frac{1}{2}$, pero dependiendo de los factores a y b de las funciones sinápticas por las que emiten este resultado hacia otras, sí que pueden tener un efecto intenso en la red, por lo cual no son sacrificables.

---

90   Al igual que en el algoritmo de reproducción, las neuronas de entrada y salida no pueden eliminarse.

Ruptura de simetrías

Como se indicó en la página 44, en algunas ocasiones las redes pueden tener simetrías importantes, tanto en su topología como en los parámetros de sus funciones sinápticas.

Esto puede convertirse en un auténtico problema a la hora de someter a la red a ciclos de aprendizaje.

Retomando la ilustración 38 y reelaborándola en la ilustración 73, se ve que existen valores a y b de las funciones sinápticas para los cuales $\frac{\partial E}{\partial a}=0$ y $\frac{\partial E}{\partial b}=0$. Podría incluso suceder que para todos los a y b de todas las funciones sinápticas de la red ocurriese esto. En tal caso, la red estaría completamente impedida para evolucionar estos parámetros, y por tanto para aprender.

Esta situación tiene probabilidades de producirse cuando se crean gran cantidad de sinapsis neutras o identidad, que son un recurso común al aplicar los algoritmos de crecimiento de neuronas ya explicados.

Para evitar esto, se puede introducir alguna perturbación leve en los valores de a y b de algunas sinapsis. Como se ve en la ilustración 73, cualquier diferencia que exista entre los valores x y x', por leve que sea, permite que $\frac{\partial E}{\partial a} \neq 0$, y por tanto provoca la evolución de la red.

En ABBANN esta perturbación puede introducirse en base a la generación de una variable aleatoria de distribución gausiana, que se suma a todos los parámetros a y b en el momento de crear nuevas sinapsis durante procesos de crecimiento, y que rompe las citadas simetrías.

El comportamiento de una variable aleatoria gausiana viene determinado por la media y la desviación típica a las que obedece.

Para el caso de ABBANN, carecería de sentido considerar una media distinta a 0; ya que esto significaría sesgar los valores de a y b en alguna dirección concreta sin propósito aparente. Por ello, ABBANN no permite escoger este valor, y se aplica 0 de forma constante.

En cuanto a la desviación típica, cuanto mayor sea, más decidido será el comportamiento de la red tras aplicar esta perturbación. Y cuanto menor sea, más lentamente

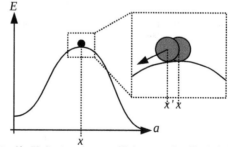

Ilustración 73: Ruptura de un equilibrio en una función sináptica

saldrá la red de la situación de equilibrio en la que se encontrase. Experimentalmente se determina que un buen valor es 0.05.

Es importante reparar en que estas perturbaciones provocan un incremento en la cantidad de información que contienen las sinapsis, y que tal incremento no responde a una mejora de la red en cuanto a su capacidad de reconocer patrones.

Usando todas las herramientas

Haciendo un repaso de los apartados anteriores, se dispone ahora de una serie de herramientas que ayudarán a moldear la red:

- Un criterio para aplicar planes de crecimiento diferenciados, basado en la tensión neural.

- Un algoritmo de crecimiento para neuronas, basado en la ejecución de planes de crecimiento, tanto completos como simplificados. Este algoritmo incluye una forma de romper las simetrías de las funciones sinápticas.

- Dos criterios combinables entre sí para seleccionar sinapsis a suprimir; uno de ellos atendiendo a la cantidad de información, y el otro atendiendo a la tensión sináptica.

- Un criterio de eliminación de neuronas, que suprime las inútiles.

- Y, como es evidente, un algoritmo de aprendizaje.

Quizá el único elemento que se pueda echar en falta es una topología inicial sobre la que empezar a aplicar todo lo anterior.

Realmente la topología inicial puede ser cualquiera. Desde el punto de vista de ABBANN existen un solo criterio para considerar que una red está bien formada. Este criterio ha sido mencionado en la página 61. Tal criterio consiste, brevemente, en que las neuronas de salida deben tener una coordenada Z menor que las demás, las de entrada una mayor, y las internas situarse entre ambas. Evidentemente, la red de partida debe cumplir este criterio.

Para ABBANN son redes bien formadas incluso aquellas que carecen de neuronas de entrada o salida, o incluso aquellas que carecen de neuronas en absoluto. La utilidad que pueda extraerse de tales redes no es algo que preocupe al motor de ABBANN. Estas redes pueden dar lugar a resultados inesperados, aunque coherentes, al aplicar algunas operaciones sobre ellas[91].

ABBANN garantiza que aplicando sobre una red bien formada cualquiera de las herramientas indicadas, la red resultante también está bien formada. Como ya se ha analizado, esto no significa que la red nueva tenga exactamente el mismo comportamiento que la original.

Un ejemplo de red que es un buen punto de partida para cualquier evolución posterior que deba sufrir es la de la ilustración 74.

---

91   Considere, a modo de ejemplo, el repetir la operación de eliminación de neuronas inútiles sobre una red no recurrente que careciese de neuronas de entrada y salida: daría lugar inevitablemente a la eliminación paulatina de sinapsis y neuronas hasta la completa desaparición de la red.

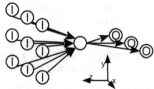

Ilustración 74: Ejemplo de red inicial

Esta red tiene las siguientes características:

- Consta de un conjunto de neuronas de entrada (marcadas con "I"), cuyo número y disposición depende de la estructura de los datos entrada. Tales neuronas se ubican en un plano X-Y. Su valor Z es igual para todas ellas, y mayor al de cualquier otra neurona de la red.

- Consta de un conjunto de neuronas de salida (marcadas con "O"), cuyo número depende del los patrones a reconocer. Tales neuronas se ubican en un plano X-Y. Su valor Z es igual para todas ellas, y menor al de cualquier otra neurona de la red.

- Consta de una sola neurona interna (sin marca). Situada entre las neuronas de entrada y salida. Esta neurona está conectada como destino de todas las de entrada y como origen de todas las de salida, mediante las correspondientes sinapsis. Sobre esta neurona, sus sinapsis, y la descendencia que tenga a raíz de procesos de reproducción de neuronas, es sobre lo que se aplican todas las herramientas de modificación de la topología de la red y aprendizaje que se han descrito.

- En cuanto a los cilindros de crecimiento: si se considera la distancia en Z entre las neuronas de entrada y salida, la altura de estos cilindros debe ser la mitad de dicha distancia para todas las neuronas (de entrada, de salida e internas), o lo que es lo mismo, la distancia en Z de cualquier neurona de entrada a la interna o de cualquier neurona de salida a la interna. El diámetro de tales cilindros puede ser cualquiera[92]. En todo caso, un buen valor para este diámetro es aquel que asegura que, para la neurona interna, caen en su interior todas las neuronas de entrada y salida si se proyectasen sobre el plano X-Y; dicho de otro modo, aquel diámetro que inscribe en su interior la entrada y salida de la red, como se aprecia en la ilustración 75.

Es el momento de enfrentarse con la tarea de construir una red que sea capaz de reconocer patrones a partir de una entrada.

Para iniciar esta tarea, es necesario disponer de una batería de señales de entrada $x^{(1)}, x^{(2)}, ..., x^{(n)}$ emparejadas a su vez con una batería de señales de salida ideales o deseadas $t^{(1)}, t^{(2)}, ..., t^{(n)}$.

---

92 Podría pensarse que el mejor valor para este diámetro es el que asegura que los cilindros de las neuronas de entrada y salida se tocan entre sí sin llegar a interseccionar. Sin embargo, tener en cuenta este criterio no es relevante, dado que las neuronas de entrada y salida no se reproducen. Al existir una sola neurona interna, el diámetro de su cilindro de crecimiento puede ser cualquiera. Otra consideración hubiera habido que hacer si se tuvieran (y se puede) tener varias neuronas en la arquitectura de partida. En este último caso, sí que es conveniente asegurar que sus cilindros iniciales no se intersectan.

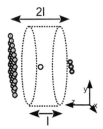

Ilustración 75: Cilindro de crecimiento de la neurona interna

Una propuesta de plan de entrenamiento podría ser:

1 Crear una red como la de la ilustración 74, adaptando la estructura de las neuronas de entrada a las señales x, y la estructura de las neuronas de salida a las señales t. A título de ejemplo se considerará una entrada en formación cuadrada de 3x3=9 neuronas, y una salida de 3 neuronas.

2 Aplicar un plan de crecimiento {3} a la red.

3 Iniciar una fase de entrenamiento de n_1 repeticiones.

4 Eliminar las sinapsis con menor información y menor tensión sináptica.

5 Eliminar las neuronas que no afectan a la red.

6 Aplicar un plan de crecimiento {3,3} a la red.

7 Iniciar una fase de entrenamiento de n_2 repeticiones.

8 Eliminar las sinapsis con menor información.

9 Eliminar las neuronas que no afectan a la red.

10 Iniciar una última fase de entrenamiento de n_3 repeticiones.

El entrenamiento anterior, que es sólo un ejemplo, da lugar a una red con un máximo de 18 neuronas internas y 189 sinapsis. De estas cifras, sobre todo en lo que respecta a las sinapsis, hay que restar lo que suprime el algoritmo de eliminación de sinapsis.

Tras este entrenamiento, la red debería ser capaz de responder frente a una entrada $x^{(k)}$ con una salida $y^{(k)}$ que sería el patrón reconocido.

Lo anterior no es más que un ejemplo de los muchos que se pueden plantear. Se profundizará en más opciones de combinar estas herramientas en la parte en que se describe el lenguaje de ABBANN.

El camino sigue

Sobre lo anterior se pueden proponer innumerables líneas de trabajo.

Aunque hay dos que, en una primera reflexión, sobresalen sobre las demás:

Recurrencia

La recurrencia en una red neuronal se produce cuando existe al menos un camino de sinapsis dentro de la red que permite que la salida de una neurona influya en su propia entrada, esta influencia puede ser más o menos directa como se ve en la ilustración 76.

La recurrencia es una herramienta de una extraordinaria potencia, debido a que con topologías sumamente breves, el comportamiento de una red puede ser de una complejidad enorme; sin duda mucho mayor que sin la presencia de estas. Un comportamiento complejo significa el potencial de reconocer muchos patrones o muy complejos.

En el caso de ABBANN, se soportan redes recurrentes en el sentido de que la herramienta tolera o incluso genera este tipo de topologías. Únicamente pone limitaciones a algunas situaciones.

Aunque hay maneras de forzarlo, normalmente ABBANN no construye sinapsis en las cuales el destino sea una neurona de entrada. Esto daría lugar a *alucinaciones* en la red, ya que percibiría como entrada estímulos que se generan internamente.

Es también importante la cuestión de la estabilidad de la red. Una red no recurrente siempre goza de un estado estable en todas sus neuronas, es decir, siempre hay un estado según el cual cada neurona está evaluada de forma consistente con sus sinapsis de entrada y los estados de las neuronas de las que estas proceden. En el caso de las redes recurrentes, esto no se puede garantizar. Puede ocurrir que en sucesivas evaluaciones de los estados de la red[93], esta vaya convergiendo a una cierta configuración de valores, que es lo deseable; aunque también puede ocurrir que la red caiga en oscilaciones inestables.

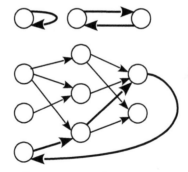

Ilustración 76: Fragmentos de redes recurrentes

---

93   Hay que recordar lo indicado sobre la evaluación en nx2 pasos señalado en la página 39.

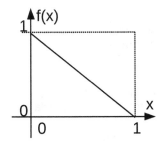

Ilustración 77: Función sináptica inversa

Una medida que se puede tomar al respecto es implementar en las sinapsis recurrentes una función sináptica inversa, como la de la ilustración 77. Este tipo de recurrencia tiende a ser estable, como saben los diseñadores de circuitos electrónicos.

En todo caso, tampoco esta medida asegura nada al menos por dos razones:

La primera es que la vocación de una función sináptica es la de modificar sus factores a y b en ciclos de aprendizaje, y la función inversa inicialmente asignada puede verse luego modificada en cualquier dirección, incluso en direcciones que hacen la red inestable. Una interesante vía de mejorar esto podría ser que la señal de error en la salida se viese aumentada si la red se vuelve inestable. Esto impulsaría a la red hacia estados estables, ya que evitaría los estados inestables por significar mayores errores.

La otra razón es que la función sináptica inversa no asegura que la realimentación de la red tienda a estabilizarse, ya que en el camino de una neurona hacia sí misma, puede haber un número diverso de sinapsis identidad o inversas, y para que la realimentación termine por ser inversa, el número de sinapsis de este tipo en este camino debe ser impar. Para terminar de complicar el problema, en una red recurrente, puede haber varios caminos de una neurona hacia sí misma, algunos de los cuales pueden ser realimentaciones inversas y otras no; incluso puede ocurrir que frente a algunas señales de entrada la realimentación sea principalmente directa (inestable) y frente a otras señales de entrada, la realimentación sea principalmente inversa (estable).

En el caso de sentencias que manipulan la topología de la red, ABBANN crea funciones sinápticas de tipo identidad en sinapsis no recurrentes[94]. Por el contrario, crea funciones sinápticas de tipo inverso en sinapsis recurrentes[95].

El extender la matemática expuesta al caso de redes recurrentes hubiera sido de una complejidad que excede el alcance de este texto.

---

94 En un sentido poco formal, las sinapsis cuyo origen está más cerca de la capa de entrada de la red, y cuyo destino está más cerca de la capa de salida, se identifican como *sinapsis no recurrentes*.

95 Análogamente a la nota anterior, las sinapsis cuyo origen está más cerca de la capa de salida de la red, y cuyo destino está más cerca de la capa de entrada, se identifican como *sinapsis recurrentes*.

Otras funciones sinápticas

Las funciones sinápticas propuestas a partir de la página 26 se centran en funciones lineales, para cuya completa caracterización bastan dos valores, que han venido llamándose a y b. Como es bien sabido, este tipo de funciones son polinomios de orden 1.

Pueden plantearse polinomios de órdenes superiores. Para caracterizar tales polinomios hacen falta más parámetros, como se aprecia en la ilustración 78.

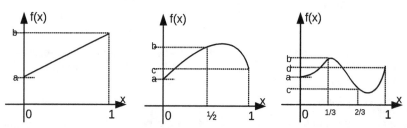

Ilustración 78: Funciones sinápticas de órdenes superiores (segunda y tercera)

Como es lógico, toda la matemática anterior debería adaptarse consecuentemente. Es especialmente reseñable el que habría que encontrar una forma de evaluar en cada función sináptica las derivadas parciales $\frac{\partial E}{\partial a}, \frac{\partial E}{\partial b}, \frac{\partial E}{\partial c},...$ analítica o numéricamente con vistas a disponer de un algoritmo de aprendizaje adaptado.

Probablemente una propiedad importante que deban respetar estas funciones sea la monotonía. En el caso de ABBANN esta duda no se plantea porque una función lineal siempre es monótona.

Incluso podrían plantearse funciones no polinomiales, que introducirían complejidades interesantes dentro de la función sináptica. Todas estas opciones están abiertas siempre que tales funciones sean derivables.

El lenguaje de ABBANN

> Los límites de mi lenguaje son los
> límites de mi mente.
> *Ludwig Wittgenstein.*

Aspectos generales de la aplicación

En lo que sigue se asume que se ha leído y comprendido el capítulo *La matemática de ABBANN*. Por este motivo, el contenido de dicho capítulo será referido sin profundizar.

Este capítulo puede usarse como un tutorial de ABBANN, aunque muchos detalles sólo se encuentran presentes en el anexo dedicado a la sintaxis completa.

Durante la lectura es aconsejable tener a mano y en funcionamiento la herramienta ABBANN. Esto permitirá reproducir inmediatamente las sentencias que se vayan proponiendo. Si no se ha hecho hasta ahora, este es el mejor momento para poner en práctica el anexo que trata sobre cómo obtener, instalar y ejecutar el programa.

El punto de partida que se propone ahora es invocar al ejecutable abbann. Debe obtenerse a continuación el cursor de la aplicación invitando a introducir la primera sentencia, como se muestra a continuación:

```
[user@localhost]$ ls
abbann  OrbitControls.js  Three.js
[user@localhost]$ abbann
ABBANN version: 1.0
SQLite version: 3.8.4.1
Release date  : Aug 15 2016, 00:03:53
Compiling date: Aug 15 2016, 00:04:47
(none)>
```

Normalmente, en el lugar donde aparece (none) se indica el nombre de la base de datos a la que ABBANN está conectada, y que debe contener la red y otros elementos relacionados con ella. El valor (none) señala que no existe tal conexión.

En este momento se puede optar por crear una base de datos nueva o conectarse a una ya existente.

Para crear una base de datos nueva:

```
(none)> create environment my_ann.abd;
   Done: File my_ann.abd created.
my_ann.abd>
```

Obsérvese que tras la sentencia, se introduce un punto y coma (;). Siempre debe terminarse cualquier sentencia en ABBANN con punto y coma, y hasta este signo no se da por terminada.

ABBANN indica con Done que la tarea se ha realizado correctamente. Se aumenta esta información con Network my_ann.abd created. El mensaje Done es el que tras la ejecución de cualquier sentencia señala que se ha completado sin errores.

Además, `my_ann.abd>` señala que ahora sí hay una conexión abierta con la base de datos recién creada.

Si en este momento se abandona la sesión, volviendo a la *shell* mediante el comando `quit`, se puede observar que se ha creado un archivo para esta base de datos:

```
my_ann.abd> quit;
That's all folks.
[user@localhost]$ ls *.abd
my_ann.abd
[user@localhost]$
```

Este archivo, técnicamente, es una base de datos sqlite3, aunque probablemente esto no sea relevante en el futuro.

Siempre que se crea una base de datos nueva, es aconsejable que esta tenga la extensión abd (ABbann Database), aunque ABBANN no lo obliga. Siguiendo esta regla, se sabrá en un futuro cómo debe tratarse este archivo.

Puesto que ahora existe una base de datos creada, puede realizarse una conexión a ella mediante `attach`. Tras arrancar de nuevo ABBANN:

```
[user@localhost]$ abbann
ABBANN version: 1.0
SQLite version: 3.8.4.1
Release date  : Aug 15 2016, 00:03:53
Compiling date: Aug 15 2016, 00:04:47
(none)> attach my_ann.abd;
    Done: Attached to my_ann.abd.
my_ann.abd>
```

Dentro de una base de datos de red neuronal, existe un contexto que se crea por defecto:

```
my_ann.abd> show context;
                     Name                    |      Value
---------------------------------------------+----------...
            COMPATIBLE_VERSION | 1.0
               CURRENT_STIMULUS | (Not assigned)
               DEFAULT_CYLINDER | 1,1
                          DELTA | 0.0000001
                  DUMP_FILENAME | (Not assigned)
                EVALUATE_FORMAT | VERBOSE
                EVALUATION_MODE | AUTO
                       HARDNESS | 3
                  LEARNING_MODE | AUTO
                  LEARNING_RATE | 0.001
                            LOG | NO
                  MAXIMUN_LOOPS | 100
                  MOMENTUM_RATE | 0
                 NEXT_STIMULUS | (Not assigned)
             PROGRESS_THRESHOLD | 4
                    RANDOM_SEED | 1073741824
                  SIGNAL_FORMAT | 1Xx.
```

```
STABILITY_THRESHOLD | 0
            STDDEV | 0.05
STIMULUS_INPUT_LINE_SIZE | AUTO
STIMULUS_OUTPUT_LINE_SIZE | AUTO
```

Este contexto consiste en una serie de variables con sus valores. Estos determinan diversos aspectos de cómo va a funcionar la aplicación al ejecutar ciertas sentencias. La influencia de cada variable de contexto viene indicada en el anexo en el que se explica la sintaxis completa del lenguaje.

De momento, no interesa conocer el significado de cada variable, y esto se irá explicando según sea necesario. Por ahora es suficiente con comprobar que, al crear una nueva base de datos, se realiza una asignación inicial de valores para ellos. Cualquiera de estos valores puede ser modificado:

```
my_ann.abd> show context LEARNING_RATE;
Name:        LEARNING_RATE
Value:       0.001
Description: When a synapse must be adjusted, this is the factor which determines
the part of change that deppends on the partial derivative.
my_ann.abd> modify context LEARNING_RATE 0.0001;
   Done: Context LEARNING_RATE modyfied with 0.0001.
my_ann.abd> show context LEARNING_RATE;
Name:        LEARNING_RATE
Value:       0.0001
Description: When a synapse [...].
```

El número de sentencias que entiende ABBANN es relativamente elevado, y en ocasiones interesará ejecutar secuencias de decenas o centenares de ellas. Sería muy inconveniente el tener que escribir esto manualmente de forma repetida.

Por ello, ABBANN puede ejecutar ficheros de sentencias, estos ficheros suelen tener la extensión abc (ABbann Commands), aunque la aplicación no lo obliga:

```
[user@localhost]$ cat my_ann.abc
create environment my_ann.abd;
show context;
[user@localhost]$ abbann
ABBANN version: 1.0
SQLite version: 3.8.4.1
Release date  : Aug 15 2016, 00:03:53
Compiling date: Aug 15 2016, 00:04:47
(none)> execute my_ann.abc;
create network my_ann.abd;
   Done: Network my_ann.abd created.
my_ann.abd> show context;
            Name                 |    Value
---------------------------------+----------...
           COMPATIBLE_VERSION | 1.0
            CURRENT_STIMULUS | (Not assigned)
            DEFAULT_CYLINDER | 1,1
                       DELTA | 0.0000001
                       [...]
```

Dentro de un fichero de comandos puede realizarse otra llamada anidada a un segundo ficheros de comandos, y así sucesivamente.

Con las sentencias `execute <file>`, `execute stdin` y `return` se gobierna la entrada y salida de la ejecución de sentencias procedentes de ficheros y de la propia entrada estándar, tal como queda indicado en el anexo sobre sintaxis completa.

Esquematizando este funcionamiento con un ejemplo:

```
(entrada interactiva) > sentencia 1;
(entrada interactiva) > sentencia 2;
(entrada interactiva) > execute fichero1.abc;
     (fichero1.abc) sentencia 1.1;
     (fichero1.abc) sentencia 1.2;
     (fichero1.abc) execute fichero 2.abc;
          (fichero 2.abc) sentencia 2.1;
          (fichero 2.abc) sentencia 2.2;
          (fichero 2.abc) execute stdin;
               (entrada interactiva) > sentencia n;
               (entrada interactiva) > return;
          (fichero 2.abc) return;
     (fichero1.abc) sentencia 1.3;
     (fichero1.abc) (EOF)
(entrada interactiva) > quit;
```

Es decir, con estas sentencias se van invocando archivos de otras sentencias, que se van anidando. Entre estas entradas puede estar la propia entrada interactiva, que se indica con `stdin` en el lugar del nombre de archivo.

Neuronas y sinapsis

Para construir un sistema de redes neuronales, parece claro que lo primero que hay que disponer es una forma de manejar neuronas y sinapsis.

La forma en que habitualmente se hará esto en ABBANN será más sofisticada que ir creando estos elementos uno a uno. En todo caso es interesante por claridad de exposición empezar por lo más sencillo.

La siguiente es la forma en que se puede crear una neurona:

```
my_ann.abd> create input neuron 1 at (1,1,5) cylinder (1,4);
    Done: Neuron 1 created.
```

Lo primero que hay que remarcar, es que las neuronas en ABBANN tienen:

- Un identificativo único, que en el ejemplo anterior es 1.

- Un tipo, que puede ser entrada, salida o interna; en el ejemplo es entrada (`input`).

- Un estado. En el ejemplo anterior no se ha establecido explícitamente. Por defecto toma el valor 0.5.

- Una ubicación en un espacio tridimensional; que en el ejemplo anterior es x=1, y=1, z=5.

- Unas dimensiones de cilindro; que en el ejemplo anterior es diámetro=1 y altura=4.

La ubicación y las dimensiones del cilindro son importantes para los algoritmos de crecimiento de la red, como fue explicado en el capítulo dedicado a la matemática.

Como es lógico, esta neurona puede visualizarse:

```
my_ann.abd> show all neurons;
 id  |  x  ,  y  ,  z  |cyl_d,cyl_w|t| status |marked
-----+------,------,------+-----,-----+-+--------+------
  1| 1.000, 1.000, 5.000|1.000,4.000|I|0.500000|  no
 Done: 1 neurons have been shown.
```

La columna *t* indica el tipo de neurona, según los valores 'I' para entrada, 'O' para salida y 'X' para internas.

Para crear una sinapsis, debe crearse previamente otra neurona, ya que una sinapsis suele conectar dos neuronas distintas[96]. Se aprovecha este momento para crear una red muy simple:

```
my_ann.abd> create internal neuron 2 at (1,2,3);
  Done: Neuron 2 created.
my_ann.abd> create output neuron 3 at (1,1,1) cylinder (1,4);
  Done: Neuron 3 created.
my_ann.abd> create synapse 1,2 (0.1,0.9);
  Done: Synapse 1 -> 2 created.
my_ann.abd> create synapse 2,3 (0.1,0.9);
  Done: Synapse 2 -> 3 created.
my_ann.abd> show all synapses;
 from|  to  |   a   ,   b   |marked
-----|-----|--------,--------+------
  001|  002|0.100000,0.900000|  no
  002|  003|0.100000,0.900000|  no
 Done: 2 synapses have been shown.
```

Como se ve, al crear una sinapsis se especifica el identificativo de las dos neuronas que quedan unidas, así como una pareja de números flotantes entre paréntesis. Estos últimos definen los parámetros *a* y *b* de la función sináptica.

La última columna que se ve tanto en el listado de neuronas como de sinapsis es *marked*. Esta columna indica si el elemento está marcado.

Varias de las sentencias de ABBANN actúan sobre muchas neuronas y sinapsis. En ABBANN es posible seleccionar cuáles de estos elementos deben sufrir estos procesos y cuáles no. La forma en que se realiza esta selección es mediante un sistema de marcado, que se gobierna mediante las sentencias mark y unmark.

---

96   De momento se ha obviado la posibilidad, perfectamente válida, de que una sinapsis conecte a una neurona consigo misma.

En el caso de las sinapsis, cualquiera puede ser marcada, en el caso de las neuronas sólo las internas.

A modo de ejemplo, y continuando con las sentencias anteriores:

```
my_ann.abd> mark all neurons;
   Done: All internal neurons marked.
my_ann.abd> show all neurons;
   id  |  x   ,   y   ,   z   |cyl_d,cyl_w|t| status |marked
 -----+------,------,------+-----,-----+-+--------+------
    1| 1.000, 1.000, 5.000|1.000,4.000|I|0.500000|  no
    2| 1.000, 2.000, 3.000|1.000,1.000|X|0.500000|  yes
    3| 1.000, 1.000, 1.000|1.000,4.000|o|0.500000|  no
   Done: 3 neurons have been shown.
```

Según la sintaxis utilizada se puede realizar el marcado de sinapsis o neuronas según diversos criterios. Estos criterios se pueden combinar en sucesión para establecer selecciones tan complicadas como sea necesario.

La opción de listar neuronas y sinapsis textualmente mediante el comando show aporta una precisión que es imprescindible. Pero una representación gráfica es también necesaria, sobre todo cuando se manejen redes complejas, cuya arquitectura hay que apreciar visualmente.

Mediante la sentencia export network as html5 se logra esta representación:

```
my_ann.abd> export network as html5 to my_ann;
   Done: File my_ann.htm created. The files Three.js and OrbitControls.js are
necesary in order to use it.
```

Siguiendo las instrucciones del propio retorno de la sentencia, hay que disponer en el mismo directorio donde se haya generado el fichero *.htm de los ficheros Three.js y OrbitControls.js. Haciendo este preparativo, se puede abrir el fichero my_ann.htm con un navegador que soporte html5. Aparecerá una imagen parecida a la ilustración[97] 79.

Hay que indicar que el origen de coordenadas que se visualiza no es necesariamente el punto (0,0,0). Esto es debido a que la conversión gráfica que ABBANN lleva a cabo incluye una normalización en las coordenadas. Esta normalización garantizan que la red siempre es visible con un tamaño adecuado y que los ejes se disponen de forma que aparecen al fondo de esta.

La representación gráfica de la red sigue una codificación de colores que se indica en el anexo. Baste decir aquí que las neuronas de entrada se ven en verde, las internas en azul y las de salida en rojo, y que la intensidad de estos colores depende de su estado de excitación.

Esta representación es interactiva, lo cual quiere decir que se puede rotar, desplazar y acercar o alejar. De nuevo, los detalles de esta interactividad quedan explicados en la parte del anexo dedicada a esta sentencia.

---

97   En el texto se visualizarán los resultados del comando export network as html5 en blanco y negro sobre fondo blanco por consideraciones tipográficas. En las visualizaciones reales generadas por ABBANN el fondo es negro y tanto las sinapsis como las neuronas aparecen en color.

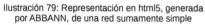

Ilustración 79: Representación en html5, generada por ABBANN, de una red sumamente simple

Ilustración 80: Una red inicial

Era necesario comenzar por lo más básico, que es crear neuronas y sinapsis, aunque, como se ha dicho, no será esta la forma de proceder normalmente. ABBANN permite crear una red primitiva al estilo de lo explicado en la página 81 mediante el comando create network:

```
(none)> create environment my_ann.abd;
    Done: File my_ann.abd created.
my_ann.abd> create network 4 x 4, 3 x 1;
    Done: Network created with 20 neurons and 19 synapses.
```

Para poder ejecutar esta sentencia, la red debe estar vacía, es decir, no debe constar de ninguna neurona.

Posteriormente se puede visualizar la red:

```
my_ann.abd> export network as html5 to my_ann;
    Done: File my_ann.htm created. The files Three.js and OrbitControls.js are
necesary in order to use it.
```

La visualización generada se puede observar en la ilustración 80.

Lógicamente, las redes generadas de esta forma tienen la intención de ser el punto de partida para evolucionar hacia otras mucho más complejas. La neurona interna se irá reproduciendo por los algoritmos descritos en la matemática. Este proceso de reproducción generará nuevas neuronas internas y sinapsis. Al final, el único parecido que tendrá la red resultante con respecto a la original será las estructuras de las neuronas de entrada y salida.

Estímulos y experiencias

En ABBANN se distingue entre el concepto de *estímulo* y de *experiencia*.

Un estímulo es una señal con la que se puede alimentar las neuronas de entrada de la red. Opcionalmente puede venir acompañada de otra señal objetivo. Ambas señales se corresponden respectivamente con la x y t que se indica en la parte dedicada a la matemática.

Un estímulo se puede usar tanto para evaluar la red frente a una entrada, como para entrenarla. En el caso de evaluación, la señal objetivo, si está presente, sirve para compararla con la generada como salida por la red, identificada por y, y considerar de esta manera el grado de acierto de esta evaluación. Para el caso de aprendizaje, la diferencia $|y-t|$ es la señal de error E; que como es bien sabido es fundamental en esta fase; y por tanto es obligatoria la existencia de t.

Tanto la señal de entrada como la señal objetivo son alimentadas en ABBANN a partir de sendos ficheros, que pueden ser legibles o no como texto ASCII, según el formato de entrada.

Considérese a este respecto un estímulo tomado de un ejemplo que se desarrollará más tarde.

Supóngase que se quiere reconocer dígitos decimales manuscritos. Para ello es importante disponer de una batería de señales de entrada y objetivo. Uno de estos archivos de entrada podría ser como el siguiente:

```
[user@localhost]$ cat input_6.dat
00000000000011100000000000000000
00000000000111110000000000000000
00000000000111110000000000000000
00000000000111110000000000000000
00000000001111100000000000000000
00000000001111000000000000000000
00000000111111000000000000000000
00000000111110000000000000000000
00000000111110000000000000000000
00000000111110000000000000000000
00000001111100000000000000000000
00000001111100000000000000000000
00000001111100000000000000000000
00000001111100000000000000000000
00000001111111111100000000000000
00000001111111111111110000000000
00000001111111111111111000000000
00000001111111111111111100000000
00000001111111111111111100000000
00000001111111110111111100000000
00000001111111000000001111100000
00000001111110000000001111100000
00000001111100000000001111100000
00000001111000000000001111100000
00000001111000000000001111100000
00000000111110000000011110000000
00000000011111000001111110000000
00000000011111111111111111000000
00000000001111111111111111100000
00000000000111111111111110000000
00000000000000111111111110000000
00000000000000011111111100000000
```

Y su correspondiente archivo de salida objetivo sería:

```
[user@localhost]$ cat target_6.dat
0000001000
```

La interpretación de ambos ficheros es sencilla, ya que son legibles en ASCII. En ellos sólo hay caracteres '0' y '1', además de los retornos de carro. Cada carácter se corresponderá con una neurona de la red. Esta correspondencia será con una neurona de entrada en el caso del archivo de entrada y con una neurona de salida en el caso del archivo de salida objetivo. El carácter '1' se interpreta como neurona excitada, mientras que el '0' como neurona inhibida.

En el caso del archivo con la señal de entrada, es claro que es una representación gráfica en texto del número '6' manuscrito.

En el caso del archivo con la señal objetivo, cada uno de los diez caracteres representa un patrón, siendo el primero el correspondiente al cero, el segundo al uno, y así sucesivamente hasta el nueve. El patrón correspondiente al 6 es el único que está asignado a 1.

Esto quiere decir que, en el caso de una red entrenada para reconocer dígitos decimales, frente al estímulo de entrada contenido en input_6.dat esta debería emitir con una respuesta en sus neuronas de salida parecida a la contenida en target_6.dat.

La forma de ingresar en ABBANN estas dos señales relacionadas entre sí es con la sentencia create stimulus:

```
my_ann.abd> create stimulus 1 from input_6.dat,target_6.dat;
  Warning: Modifying STIMULUS_INPUT_LINE_SIZE with 6.
  Warning: Modifying STIMULUS_OUTPUT_LINE_SIZE with 10.
  Done: Stimulus 1 (input input_6.dat, target target_6.dat) created.
```

Ambas señales quedan almacenadas dentro de la base de datos de ABBANN relacionadas con un identificativo (igual a 1 en el ejemplo). A partir de esta carga los archivos originales no son de utilidad para la aplicación.

STIMULUS_INPUT_LINE_SIZE y STIMULUS_OUTPUT_LINE_SIZE son dos variables de contexto que controlan la visualización de los estímulos en la pantalla. Si sus valores son AUTO, como antes de ejecutar la sentencia anterior, al realizar la primera carga de estímulos se reasignan sus valores en función de la forma que toman la señal de entrada y objetivo[98].

Tras esta ejecución, tal como avisa la terminación de la sentencia:

```
my_ann.abd> show context STIMULUS_INPUT_LINE_SIZE;
Name:        STIMULUS_INPUT_LINE_SIZE
Value:       6
Description: Width of each line of an input stimulus when shown.
```

---

98 Esto se aplica únicamente en el caso de que la señal de entrada sea legible como ASCII, que es lo que se interpreta si la variable SIGNAL_FORMAT tiene un valor distinto a BYTE. En el caso del ejemplo se supone que el valor de esta variable es 1Xx., que es su valor inicial. El cálculo automático que se cita en el texto consiste en medir en estos archivos cuándo ocurre el primer retorno de carro o fin de fichero. Existe otro formato de entrada, como se explica en el anexo dedicado a la sintaxis del lenguaje, en el que los archivos no son legibles, y no se puede suponer que los retornos de carro sean indentaciones del mismo y, por tanto, esta reasignación automática de las citadas variables no se puede realizar.

```
my_ann.abd> show context STIMULUS_OUTPUT_LINE_SIZE;
Name:        STIMULUS_OUTPUT_LINE_SIZE
Value:       10
Description: Width of each line of an output stimulus when shown.
```

Lógicamente, este estímulo puede ser consultado a partir de su identificador:

```
my_ann.abd> show stimulus 1;
id              : 1
filename in     : input_6.dat
filename target: target_6.dat
input           :    ............###.................
                     ...........#####................
                     ...........#####................
                     ...........######...............
                     ...........#####................
                     ..........#####................
                     ........######...............
                     .......#####.................
                     .......#####................
                     .......#####................
                     .......######...............
                     ......#####................
                     ......#####................
                     .....#####................
                     ......###########..........
                     ......############.........
                     ......##############.......
                     .....################......
                     ......###############......
                     ......##########.######.....
                     ......########......#####....
                     ......#######.......#####....
                     ......#######........####....
                     ......####..........####....
                     ......######.........####....
                     .......######......######....
                     .......##############.....
                     .........##############.....
                     ...........############......
                     ............###########......
                     ...............#########........
                     .................#######........
target          : ......#...
   Done.
```

Sin la correcta asignación, manual o automática, de STIMULUS_INPUT_LINE_SIZE y STIMULUS_OUTPUT_LINE_SIZE esta visualización no hubiera funcionado bien.

Para completar un ciclo de aprendizaje, habría que contar con multitud de otros archivos, correspondientes a todos los dígitos, escritos de diferentes formas.

Los estímulos pueden secuenciarse en *experiencias* mediante la sentencia enrich experience:

```
my_ann.abd> enrich experience 1 with 1;
   Done: Experience 1 enriched with stimulus 1 and ordinal 0.
```

No es necesaria la creación explícita de una experiencia: basta con enriquecer con el primer estímulo una experiencia para que esta sea inmediatamente usable.

Cada vez que enrich experience es ejecutado, se añade un estímulo nuevo a la lista de estímulos que constituyen la experiencia. A cada uno de estos estímulos se le asigna un ordinal, que nada tiene que ver con el identificativo del estímulo. El primero de ellos es el 0 y a partir de este se van asignando consecutivamente según el orden de ingreso.

Al igual que con los estímulos, las experiencias pueden visualizarse:

```
my_ann.abd> show experience 1;
 ordinal   | stimulus | input file name    | target file name
----------+----------+--------------------+--------------------
0          |1         |input_6.dat          |target_6.dat
   Done: 1 stimulus have been shown.
```

Evidentemente se puede seguir enriqueciendo la experiencia con estímulos nuevos, o incluso con los mismos repetidos:

```
my_ann.abd> create stimulus 2 from input_7.dat,target_7.dat;
   Done: Stimulus 2 (input input_7.dat, target target_7.dat) created.
my_ann.abd> enrich experience 1 with 2;
   Done: Experience 1 enriched with stimulus 2 and ordinal 1.
my_ann.abd> enrich experience 1 with 1;
   Done: Experience 1 enriched with stimulus 1 and ordinal 2.
my_ann.abd> show experience 1;
 ordinal   | stimulus | input file name    | target file name
----------+----------+--------------------+--------------------
0          |1         |input_6.dat          |target_6.dat
1          |2         |input_7.dat          |target_7.dat
2          |1         |input_6.dat          |target_6.dat
   Done: 3 stimulus have been shown.
```

Las experiencias son los elementos que luego se utilizarán para ejecutar ciclos de evaluación y aprendizaje.

En el caso de que el propósito sea el aprendizaje, estas experiencias deben construirse cuidadosamente:

En primer lugar disponiendo de una gran variedad de muestras o ficheros de entrada para cada uno de los patrones a reconocer o ficheros objetivo.

En segundo lugar rompiendo las propiedades estadísticas en la secuencia de estímulos. Siguiendo con el ejemplo sobre los dígitos, realmente sería un error disponer una experiencia en la cual se sucedieran todos los patrones correspondientes al '0', luego todos los del '1' y así sucesivamente, ya que la red, sometida a ciclos de aprendizaje de este tipo, tendería a *olvidar* lo que aprendió sobre el dígito '0' cuando estuviera aprendiendo el '8' y el '9'. En este sentido lo mejor es disponer el orden de los estímulos al azar dentro de una experiencia destinada a aprendizaje.

Cambio de topología

Hasta ahora se han explicado sentencias de ABBANN que permiten el cambio de la topología de la red de forma manual. En realidad, cualquier sentencia que permite crear o destruir neuronas y sinapsis, sea cual sea su grado de sofisticación, realiza tales cambios.

En este apartado se añadirán sentencias que manipulan de forma más automatizada y radical esta topología.

Crecimiento

De acuerdo con lo explicado en la página 62 y siguientes, en algún momento debe aplicarse un plan de crecimiento que guíe el proceso de reproducción de la red.

La sentencia que aplica este plan de crecimiento es spawn.

spawn admite como único parámetro la especificación del plan, que aplica únicamente a las neuronas internas marcadas. En el caso de las neuronas internas no marcadas, aplica un plan simplificado, consistente en la conservación de la cardinalidad del plan original, con una dispersión de 1 en cada sección. Para las neuronas que no son internas, se aplica un desplazamiento sobre las mismas a lo largo del eje Z que resulta en un estrechamiento de la red.

El algoritmo de crecimiento está explicado en la parte dedicada a la matemática. El párrafo anterior es un mero recordatorio.

Considérese el siguiente ejemplo:

```
(none)> create environment my_ann.abd;
    Done: File my_ann.abd created.
my_ann.abd> create network 16 x 16 , 4 x 1;
    Done: Network created with 261 neurons and 260 synapses.
my_ann.abd> export network as html5 to my_ann_1;
    Done: File my_ann_1.htm created. The files Three.js and OrbitControls.js are
necesary in order to use it.
```

La red generada se vuelca a my_ann_1.htm, que se observa en la ilustración 81. De izquierda a derecha, en esta red se ve claramente la malla de neuronas de entrada de 16 x 16 = 256 en formación cuadrada. También se ve con facilidad la neurona interna, hacia la que convergen todas las sinapsis procedentes de la entrada. Finalmente se ven a la derecha las 4 neuronas de salida.

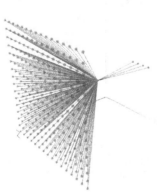 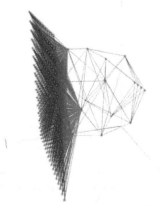

Ilustración 81: Red de partida   Ilustración 82: Red tras un plan de crecimiento {4,4,4}

Sobre esta red se puede aplicar un plan de crecimiento {4,4,4} . Dado que este plan de crecimiento es aplicable únicamente a neuronas internas, sólo puede afectar a una. Esta debe ser marcada previamente para que el comando spawn pueda operar sobre ella. Para el resto de neuronas, que son de entrada o salida, sólo se aplicará un desplazamiento a lo largo del eje Z:

```
my_ann.abd> mark all neurons;
    Done: All internal neurons marked.
my_ann.abd> spawn {4,4,4};
    Done: 12 neurons have been born and 1 have died (net balance: 11). 1072 synapses
have been born and 260 have died (net balance: 812).
my_ann.abd> export network as html5 to my_ann_2;
    Done: File my_ann_2.htm created. The files Three.js and OrbitControls.js are
necesary in order to use it.
```

La red modificada se vuelca a my_ann_2.htm, que se observa en la ilustración 82.

El marcado realizado al principio mediante mark all neurons se ha propagado a las 12 neuronas recién creadas.

Este marcado puede ser reutilizado para aplicar un nuevo plan de crecimiento {3} :

```
my_ann.abd> spawn {3};
    Done: 36 neurons have been born and 12 have died (net balance: 24). 3504 synapses
have been born and 1168 have died (net balance: 2336).
my_ann.abd> export network as html5 to my_ann_3;
    Done: File my_ann_3.htm created. The files Three.js and OrbitControls.js are
necesary in order to use it.
```

De nuevo, el archivo my_ann_3.htm puede observarse en la ilustración 83.

En este epígrafe se han repetido consecutivamente dos planes de crecimiento con el único fin de explicar el funcionamiento de spawn. Sin embargo, lo habitual es interca-

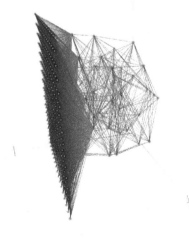

Ilustración 83: Red tras los planes de crecimiento {4,4,4} y {3}

larlos con otras operaciones de aprendizaje y simplificación de la red.

Recurrencia

La sentencia que produce recursividades o recurrencias en una red es `feedbak`.

La sentencia `feedback` provoca que las neuronas internas de la red que está marcadas se realimenten a sí mismas. Esta realimentación se implementa mediante sinapsis inversas en las que las neuronas origen y destino son la misma. Este caso de recurrencia se ve claramente en uno de los diagramas de la ilustración 76, que se recuerda en la 84.

La limitación de que `feedback` sólo pueda producir recurrencias de una neurona consigo misma no lo es tanto si se combina con el comando `spawn` previamente descrito.

Considérese en primer lugar:

```
(none)> @my_ann.abc;
create environment my_ann.abd;
   Done: File my_ann.abd created.
my_ann.abd> create network 2 x 1 , 1 x 1;
   Done: Network created with 4 neurons and 3 synapses.
my_ann.abd> mark all neurons;
   Done: All internal neurons marked.
my_ann.abd> feedback;
   Done: 1 new recurrent synapses has been created.
my_ann.abd> show all neurons;
 id | x  ,  y  ,  z  |cyl_d,cyl_w|t| status |marked
----+------,------,------+-----,-----+-+--------+------
   1| 0.000, 0.000, 0.000|2.000,1.000|X|0.500000|  yes
   2|-0.500, 0.000, 1.000|2.000,1.000|I|0.500000|  no
   3| 0.500, 0.000, 1.000|2.000,1.000|I|0.500000|  no
   4| 0.000, 0.000,-1.000|2.000,1.000|0|0.500000|  no
   Done: 4 neurons have been shown.
my_ann.abd> show all synapses;
 from| to |  a  ,  b  |marked
----|----|--------,--------+------
 001|  001|1.000000,0.000000|  no
 001|  004|0.528941,0.505540|  no
 002|  001|0.446085,0.503307|  no
 003|  001|0.562833,0.427044|  no
   Done: 4 synapses have been shown.
```

Ilustración 84: Recurrencia de una neurona sobre sí misma

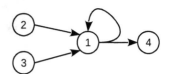

Ilustración 85: Red recurrente tras aplicar `feedback` a la neurona 1

Estas sentencias dan lugar a la arquitectura mostrada en la ilustración 85[99].

Añadiendo ahora una etapa de crecimiento:

```
my_ann.abd> spawn {2,2};
    Done: 4 neurons have been born and 1 have died (net balance: 3). 14 synapses have
been born and 4 have died (net balance: 10).
my_ann.abd> show all neurons;
  id  |  x   ,  y   ,  z   |cyl_d,cyl_w|t| status  |marked
-----+------,------,------+-----,-----+-+--------+------
   2|-0.500, 0.000, 0.750|2.000,0.500|I|0.500000|  no
   3| 0.500, 0.000, 0.750|2.000,0.500|I|0.500000|  no
   4| 0.000, 0.000,-0.750|2.000,0.500|O|0.500000|  no
   5| 0.500, 0.000, 0.250|1.000,0.500|X|0.500000|  yes
   6|-0.500, 0.000, 0.250|1.000,0.500|X|0.500000|  yes
   7| 0.000, 0.500,-0.250|1.000,0.500|X|0.500000|  yes
   8|-0.000,-0.500,-0.250|1.000,0.500|X|0.500000|  yes
    Done: 7 neurons have been shown.
my_ann.abd> show all synapses;
  from|  to |    a   ,    b   |marked
-----|-----|--------,--------+------
  002|  005|0.446085,0.503307|  no
  002|  006|0.505542,0.474426|  no
  003|  005|0.562833,0.427044|  no
  003|  006|0.552349,0.488888|  no
  005|  007|0.565878,0.505275|  no
  005|  008|0.000000,1.000000|  no
  006|  007|0.470039,0.588882|  no
  006|  008|0.522971,0.533109|  no
  007|  004|0.400350,0.463676|  no
  007|  005|0.522974,0.498054|  no
  007|  006|0.451474,0.480479|  no
  008|  004|0.528941,0.505540|  no
  008|  005|1.000000,0.000000|  no
  008|  006|0.469864,0.570989|  no
    Done: 14 synapses have been shown.
```

La arquitectura resultante es la de la ilustración 86.

Se ve claramente que la combinación de feedback con spawn, jugando con el marcado de neuronas, permite gobernar la construcción de arquitecturas recurrentes. Específicamente: spawn convierte las recurrencias directas que construye feedback en indirectas.

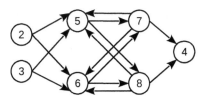

Ilustración 86: Red recurrente tras aplicar feedback y spawn

---

99 No se muestra la vista gráfica en html5 porque en el caso de redes recurrentes es algo
    confusa, al superponerse sinapsis directas con inversas.

Simplificación

Una forma trivial en que ABBANN permite simplificar una red es eliminando neuronas y sinapsis mediante comandos del tipo delete neuron <id> y delete synapse <id>, <id>. El significado de estas sentencias es evidente. Únicamente vale la pena señalar que cuando se elimina una neurona se eliminarán con ella todas la sinapsis relacionadas, sea porque son entradas o salidas de la misma.

Sin embargo no será esta la forma habitual de hacerlo, ya que normalmente se pretenderá realizar esta eliminación impactando mínimamente el comportamiento de la red.

La forma de conseguir esto es:

- Marcando las sinapsis que contienen una cantidad de información menor.

- Elimando estas sinapsis marcadas.

- Eliminando aquellas neuronas internas que no pueden impactar en la red de ninguna manera, es decir, sin ninguna sinapsis de salida.

Los tres pasos anteriores se consiguen mediante sentencias del tipo mark synapses, delete marked synapses y purge neurons respectivamente, como se ve a continuación[100]:

```
my_ann.abd> mark synapses with information < 0.057174;
   Done: 6515 synapses changed to mark.
my_ann.abd> delete marked synapses;
   Done: 6515 synapses deleted.
my_ann.abd> purge neurons;
   Done: 0 internal neurons have been purged from 21 (0%).
```

Es posible que los tres epígrafes dedicados a la modificación de la topología de la red (crecimiento, recurrencia y simplificación) parezcan algo inconexos entre sí. Pero eran necesarias algunas explicaciones al respecto porque las sentencias interactúan en estos casos de formas peculiares, y no podrían entenderse estas interacciones sin ellas. Cuando se entre en los casos tipo, especialmente el tercero, todas estas técnicas quedarán más correlacionadas.

Evaluación

La sentencia que evalúa en ABBANN la red actual es evaluate, que puede abreviarse como eval.

Aunque evaluate admite varias sintaxis, en cualquiera de ellas siempre hay una experiencia sobre cuyos estímulos se realiza la evaluación en secuencia.

En el ejemplo que sigue, se prepara explícitamente qué experiencia es la que se va a usar para esta evaluación. Esta preparación se realiza mediante prepare experience:

---

100   Las siguientes sentencias están extraídas de uno de los casos tipo que se verán más adelante.

```
                              [...]
my_ann.abd> create stimulus 0 from input0.dat,output0.dat;
 Warning: Modifying STIMULUS_INPUT_LINE_SIZE with 2.
 Warning: Modifying STIMULUS_OUTPUT_LINE_SIZE with 1.
   Done: Stimulus 0 (input input0.dat, target output0.dat) created.
my_ann.abd> create stimulus 1 from input1.dat,output1.dat;
   Done: Stimulus 1 (input input1.dat, target output1.dat) created.
my_ann.abd> create stimulus 2 from input2.dat,output1.dat;
   Done: Stimulus 2 (input input2.dat, target output1.dat) created.
my_ann.abd> create stimulus 3 from input3.dat,output0.dat;
   Done: Stimulus 3 (input input3.dat, target output0.dat) created.
my_ann.abd> enrich experience 1 with 0;
   Done: Experience 1 enriched with stimulus 0 and ordinal 0.
my_ann.abd> enrich experience 1 with 1;
   Done: Experience 1 enriched with stimulus 1 and ordinal 1.
my_ann.abd> enrich experience 1 with 2;
   Done: Experience 1 enriched with stimulus 2 and ordinal 2.
my_ann.abd> enrich experience 1 with 3;
   Done: Experience 1 enriched with stimulus 3 and ordinal 3.
my_ann.abd> prepare experience 1;
   Done: Experience 1 in ordinal 0 prepared.
```

Existen dos variables de contexto que tras la ejecución de prepare experience almacenan tanto el estímulo actual como el futuro:

```
my_ann.abd> show context CURRENT_STIMULUS;
Name:        CURRENT_STIMULUS
Value:       (Not assigned)
Description: Id of current stimulus processed. Or null if not defined.
my_ann.abd> show context NEXT_STIMULUS;
Name:        NEXT_STIMULUS
Value:       1,0
Description: Id of experience and ordinal of next stimulus to process, separated by
comma. Or null if not defined.
```

CURRENT_STIMULUS es el identificativo de estímulo actualmente aplicado a la red. En el caso mostrado, no está asignado porque, aunque la experiencia se ha preparado, ningún estímulo ha sido aplicado aún.

NEXT_STIMULUS indica el identificativo de experiencia y el ordinal de estímulo que dentro de ella se aplicará tras CURRENT_STIMULUS. Al haberse preparado la experiencia, el siguiente estímulo que se aplicará será el primero de la experiencia, cuyo ordinal siempre es 0.

Normalmente nunca habrá que asignar manualmente el valor de estas dos variables. La diferencia de formato entre ellas, a pesar de su significado parecido, obedece a una conveniencia del funcionamiento interno de ABBANN.

En este momento ya es posible pedir a ABBANN una evaluación de la red actual[101]:

---

101   Las señales entrada y objetivo escogidas son irrelevantes para el ejemplo.

```
my_ann.abd> eval;
One step evaluation mode
    Error with stimulus     0 = 0.500000
      Output neuron  1000: 0.500000, target: 0.000000 -> difference: 0.500000
    Done: Evaluated 1 time (Average error: 0.500000).
```

La respuesta que emite ABBANN tiene en cuenta el valor de la variable EVALUATE_FORMAT, que en este caso es VERBOSE. Con tal valor la respuesta de eval contiene el máximo detalle.

A continuación se analiza la respuesta de ABBANN:

En primer lugar se indica el modo de evaluación: One step evaluation mode. ABBANN permite dos modos de evaluación de redes, y el informado es uno de ellos. Más tarde se volverá sobre esta cuestión.

A continuación se indica el error calculado para el código de estímulo que se ha aplicado. Este error es la distancia vectorial entre la señal de salida de la red y la señal objetivo. En la parte dedicada a la matemática se ha venido representando como $E=|y-t|$. En el ejemplo este error es considerable (0.500000), y se corresponde con una red no entrenada. Para una red correctamente entrenada, este valor debe estar muy próximo a cero.

La presencia de una salida objetivo no es obligatoria al cargar un estímulo. En el caso del comando eval, si la salida objetivo está ausente, ABBANN no calculará la señal de error.

A continuación se indican los valores de las neuronas de salida, que en este caso es sólo una. Los valores que deberían tener en condiciones ideales serían muy parecidos a la señal objetivo, y el error entre ambos, consecuentemente, muy bajo.

Por último, se muestra una información estadística: Evaluated 1 time (Average error: 0.500000).

Tras la evaluación, las variables que gobiernan la experiencia en curso han sido cambiadas a sus nuevos valores:

```
my_ann.abd> show context CURRENT_STIMULUS;
Name:        CURRENT_STIMULUS
Value:       0
Description: Id of current stimulus processed. Or null if not defined.
my_ann.abd> show context NEXT_STIMULUS;
Name:        NEXT_STIMULUS
Value:       1,1
Description: Id of experience and ordinal of next stimulus to process, separated by
comma. Or null if not defined.
```

ABBANN es capaz de evaluar redes utilizando dos algoritmos, que son los descritos a partir de la página 39.

El algoritmo a utilizar cuando se ejecuta eval depende de la variable EVALUATION_MODE. Esta variable admite tres valores:

- ONE_STEP   : Se ejecutará el algoritmo de evaluación en un paso. Este algoritmo sólo es aplicable cuando la red no es recurrente. Si la red es recurrente, eval devolverá error.

- TWO_STEPS : Se ejecutará el algoritmo de evaluación en nx2 pasos. Este algoritmo es aplicable a cualquier tipo de redes, aunque tiene un rendimiento más pobre que el anterior, por lo que su uso está justificado sólo en el caso de redes recurrentes.

- AUTO : Si la red es no recurrente, se ejecuta el algoritmo de evaluación en un paso. Si la red es recurrente, se ejecuta el algoritmo de evaluación en nx2 pasos.

Cuando ambos algoritmos son aplicables, que es el caso de redes no recurrentes, salvo ligeras discrepancias por razones del cálculo en coma flotante, los resultados arrojados por ambos algoritmos son equivalentes.

En términos de rendimiento, sin embargo, el algoritmo de evaluación en un paso es, en el caso general, mucho mejor que el algoritmo en nx2 pasos.

Sólo en el caso de que se aplique el algoritmo en nx2 pasos, entran a actuar las dos siguientes variables:

- STABILITY_THRESHOLD : Es el umbral de estabilidad. La evaluación de la red cesa cuando la inestabilidad de la red es menor o igual a este parámetro.

- MAXIMUN_LOOPS : Aun cuando no se haya alcanzado el umbral anterior, la evaluación cesa cuando se han ejecutado un número de bucles de proceso igual a este parámetro.

eval admite el establecer un cierto número de evaluaciones de estímulos dentro de la experiencia preparada:

```
my_ann.abd> eval 5 times;
One step evaluation mode
    Error with stimulus    1 = 0.500000
        Output neuron  1000: 0.500000, target: 1.000000 -> difference: -0.500000
    Error with stimulus    2 = 0.500000
        Output neuron  1000: 0.500000, target: 1.000000 -> difference: -0.500000
    Error with stimulus    3 = 0.500000
        Output neuron  1000: 0.500000, target: 0.000000 -> difference: 0.500000
    Error with stimulus    0 = 0.500000
        Output neuron  1000: 0.500000, target: 0.000000 -> difference: 0.500000
    Error with stimulus    1 = 0.500000
        Output neuron  1000: 0.500000, target: 1.000000 -> difference: -0.500000
    Done: Evaluated 5 times (Average error: 0.500000).
```

Cuando los estímulos de la experiencia en curso se han agotado, se comienza de nuevo desde el primero dentro de la misma experiencia.

Finalmente, se puede ejecutar todos los estímulos de una experiencia:

```
my_ann.abd> eval experience 1;
One step evaluation mode
    Error with stimulus    0 = 0.500000
        Output neuron  1000: 0.500000, target: 0.000000 -> difference: 0.500000
    Error with stimulus    1 = 0.500000
        Output neuron  1000: 0.500000, target: 1.000000 -> difference: -0.500000
```

```
Error with stimulus      2 = 0.500000
   Output neuron  1000: 0.500000, target: 1.000000 -> difference: -0.500000
Error with stimulus      3 = 0.500000
   Output neuron  1000: 0.500000, target: 0.000000 -> difference: 0.500000
Done: Evaluated 4 times (Average error: 0.500000).
```

Aprendizaje

La sentencia que desencadena un ciclo de aprendizaje en ABBANN es learn.

Al igual que en la sentencia eval, learn siempre se ejecuta referida a los estímulos de una experiencia.

Por contra, para ser utilizable por learn, todos los estímulos de la experiencia requieren la salida objetivo. De estar ausente en alguno de ellos, ABBANN emitirá un error. La salida objetivo es necesaria para que ABBANN pueda calcular la corrección a aplicar en los factores a y b de las funciones sinápticas tal como se indica en §(15).

La experiencia puede prepararse explícitamente:

```
...
my_ann.abd> learn;
Backpropagation learning mode
Building internal structures...
45 KB allocated
 *Partial* learning report:              Average   Maximum  (of 1)
                          error          0.500000  0.500000 (in 0)
                          diferential    0.500000  1.500000 (in 0)
                          correction     0.000250  0.000750 (in 0)
   Done: 1 learn loop in 0 seconds.
my_ann.abd> learn 10 times;
Backpropagation learning mode
Building internal structures...
40 KB allocated
 *Partial* learning report:              Average   Maximum  (of 3)
                          error          0.502991  0.504499 (in 2)
                          diferential    0.497995  1.499974 (in 3)
                          correction     0.000250  0.000752 (in 3)
Experience learning report:              Average   Maximum
                          error          0.502243  0.504499 (in 0)
                          diferential    0.498496  1.500000 (in 3)
                          correction     0.000250  0.000752 (in 3)
 *Partial* learning report:              Average   Maximum  (of 3)
                          error          0.501491  0.504487 (in 0)
                          diferential    0.498997  1.499999 (in 1)
                          correction     0.000250  0.000752 (in 1)
   Done: 10 learn loops in 0 seconds.
```

Se asume que la experiencia 1 utilizada consta de 4 estímulos.

ABBANN emite un informe de aprendizaje cada vez que llega al final de los estímulos de la experiencia o cuando termina la ejecución de la sentencia.

Este informe muestra estadísticas que pueden referirse o no a la totalidad de las muestras de la experiencia. Las estadísticas son las siguientes:

- Media del valor absoluto del error a lo largo de todos los ciclos de aprendizaje.

- Media del valor absoluto de las derivadas parciales a lo largo de todos los ciclos de aprendizaje y de todos los factores a y b de todas las sinapsis.

- Media del valor absoluto de las correcciones aplicadas a los factores a y b de todas las sinapsis a lo largo de todos los ciclos de aprendizaje.

- Máximo del valor absoluto del error a lo largo de todos los ciclos de aprendizaje.

- Máximo del valor absoluto de las derivadas parciales a lo largo de todos los ciclos de aprendizaje y de todos los factores a y b de todas las sinapsis.

- Máximo del valor absoluto de las correcciones aplicadas a los factores a y b de todas las sinapsis a lo largo de todos los ciclos de aprendizaje.

Referido al ejemplo anterior:

En una primera ejecución mediante `learn` sin parámetros, se ejecuta un solo ciclo de aprendizaje con la primera muestra de la experiencia 1. Como es lógico, el informe se refiere a esta única ejecución, lo cual se marca mediante *Partial* y señalando al final (`of 1`). Aun en este caso, ejecutando un solo ciclo de aprendizaje, el máximo y el promedio tanto del diferencial como de la corrección son diferentes. Hay que tener en cuenta que en un solo ciclo hay una sola señal de error a promediar, pero hay muchos diferenciales y correcciones sobre los que aplicar estadísticas, de hecho, tantos como factores a y b de sinapsis.

En la segunda ejecución mediante `learn 10 times`, se emiten tres informes de aprendizaje. La interpretación y el funcionamiento de las variables CURRENT_STIMULUS y NEXT_STIMULUS es igual a la explicada para `eval`, así que la ejecución comienza en el segundo estímulo de los cuatro que consta la experiencia. En el momento en que se alcanza el último estímulo se emite el informe, referido a los tres últimos, con lo que es un informe parcial, como queda marcado de nuevo con *Partial*. En este momento la experiencia se reinicia, buscando completar los 10 ciclos solicitados, de los cuales ha realizado 3. El segundo informe de aprendizaje sí es completo, ya que abarca los cuatro estímulos. Por último, el tercer informe comienza con el primer estímulo, pero los 10 ciclos se completan antes de llegar al último, con lo cual vuelve a ser un informe parcial.

Todo lo anterior es por lo que respecta a la solicitud de un número concreto de ciclos de aprendizaje. Siempre está a mano la sintaxis `learn experience x n times`, que ejecuta los ciclos necesarios de entrenamiento para recorrer por completo la experiencia indicada el número de veces indicado.

Para poder aplicar §(15), es necesario realizar el cálculo de $\dfrac{\partial E}{\partial a}$ y $\dfrac{\partial E}{\partial b}$ en cada sinapsis. Es posible realizar este cálculo mediante dos algoritmos:

- El algoritmo de retropropagación.

- El algoritmo de perturbaciones.

Estos algoritmos han sido explicados en la página 52 y siguientes.

La variable que gobierna la ejecución de un algoritmo u otro es LEARNING_MODE, y puede adquirir los siguientes valores:

- BACKPROPAGATION   : Se ejecutará el algoritmo de aprendizaje por retropropagación. Sólo es aplicable a redes no recurrentes.

- PERTURBATIONS   : Se ejecutará el algoritmo de aprendizaje por perturbaciones, introduciendo estas perturbaciones en a y b separadamente. Es aplicable a todo tipo de redes, incluidas las recurrentes.

- AUTO   : La aplicación escoge entre el algoritmo de retropropagación o de perturbaciones, calculando previamente si la red es recurrente o no. En caso de red recurrente, escoge el de perturbaciones; en caso de red no recurrente, escoge el de retropropagación.

Al igual que en eval, cuando el algoritmo que se ejecuta es el de perturbaciones, se utilizan las variables STABILITY_THRESHOLD y MAXIMUN_LOOPS con significados parecidos.

El resultado devuelto, en términos de aprendizaje de la red, debe ser equivalente para los dos algoritmos cuando ambos son aplicables.

En términos de rendimiento, sin embargo, hay diferencias importantes. En general, el algoritmo de retropropagación tendrá un mejor rendimiento que el de perturbaciones.

Si se estableciesen similitudes y diferencias entre los algoritmos de evaluación y aprendizaje, se encontraría que el algoritmo de retropropagación guarda parecido en algunas de sus partes con el de evaluación en un paso, mientras que el de perturbaciones lo guarda con el de evaluación en nx2 pasos.

No obstante lo anterior, para el caso de redes no recurrentes, no hay limitaciones en alternar de cualquier modo ciclos de aprendizaje y evaluación de los dos tipos indicados para cada caso.

Problemas tipo

A continuación se van a exponer tres ejemplos de problemas resolubles con redes neuronales.

Es necesario adelantar que sólo el tercero responde a un tipo de problema para el que esta técnica es adecuada.

En el tercer ejemplo se ofrece a la red una serie de patrones compuesto por numerosas muestras, distintas entre sí, que permiten que el algoritmo de aprendizaje generalice las propiedades de cada patrón.

Los dos primeros casos son interesantes como introducción por las razones que se irán analizando.

Salvo que se indique expresamente lo contrario para alguna de las variables de contexto, el valor que se supone para las mismas es el siguiente:

```
           Name                         |    Value
----------------------------------------+----------...
             COMPATIBLE_VERSION | 1.0
               CURRENT_STIMULUS | (Not assigned)
               DEFAULT_CYLINDER | 1,1
                          DELTA | 0.0000001
                  DUMP_FILENAME | (Not assigned)
                EVALUATE_FORMAT | VERBOSE
                EVALUATION_MODE | AUTO
                       HARDNESS | 3
                  LEARNING_MODE | AUTO
                  LEARNING_RATE | 0.001
                            LOG | NO
                  MAXIMUN_LOOPS | 100
                  MOMENTUM_RATE | 0
                  NEXT_STIMULUS | (Not assigned)
             PROGRESS_THRESHOLD | 4
                    RANDOM_SEED | 1073741824
                  SIGNAL_FORMAT | 1Xx.
            STABILITY_THRESHOLD | 0
                         STDDEV | 0.05
        STIMULUS_INPUT_LINE_SIZE | AUTO
       STIMULUS_OUTPUT_LINE_SIZE | AUTO
```

Funciones booleanas

Quizá el caso más simple de reconocimiento de patrones que se puede plantear es el basado en el álgebra de Boole de dos variables.

En este tipo de álgebra, las variables pueden adquirir dos valores lógicos: verdadero y falso. Estos dos valores comúnmente se identifican con 1 y 0 respectivamente, que a su vez son muy convenientes para la asignación de valores de excitación a las neurona de la red.

Se pueden plantear funciones que dadas dos variables de este tipo den como resultado otro valor lógico. Existen 16 posibles funciones, correspondientes a las combinaciones de valores de salida que se pueden producir. El juego completo de las mismas se ve en la ilustración 87.

Estas funciones pueden numerarse de forma binaria, según su salida. Así la función conocida como OR es la 0111, y la NAND es la 1110.

Cada una de estas funciones puede considerarse como una composición de dos patrones, uno de ellos abarca las salidas 0 (falsas), y otro las salidas 1 (verdaderas).

Atendiendo a la forma en que estos patrones pueden separarse entre sí, y respondiendo a las simetrías de unas funciones respecto a otras, se pueden formar los siguientes grupos:

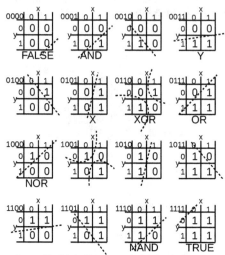

Ilustración 87: Tablas de verdad de las 16 funciones booleanas posibles para dos variables

- Grupo 1: compuesto por la función 0000.

- Grupo 2: compuesto por las funciones 0001, 0010, 0100 y 1000.

- Grupo 3: compuesto por las funciones 0011, 0101, 1010 y 1100.

- Grupo 4: compuesto por las funciones 0110 y 1001.

- Grupo 5: compuesto por las funciones 0111, 1011, 1101 y 1110.

- Grupo 6: compuesto por la función 1111.

El que varias funciones se encuentren en el mismo grupo debe interpretarse del siguiente modo: si una de las funciones tienen un cierto comportamiento frente al algoritmo de aprendizaje, el resto debe tener un comportamiento parecido, atendiendo a la simetría evidente que hay entre todas ellas. Con lo que las conclusiones alcanzadas para uno de los casos del grupo deben ser extrapolables para el resto de casos del mismo grupo.

Para el análisis de estos grupos se van a plantear dos topologías muy simples.

En aras de simplificar al máximo el ejemplo, estas topologías constarán en su salida de una única neurona. El estado de esta neurona se interpretará del siguiente modo: si el estado de la neurona es >0.5, se considerará que está respondiendo al patrón 1 de las tablas de verdad, si el estado es <0.5, se considerará que está respondiendo al patrón 0. Esto se aparta un tanto de lo explicado con anterioridad en cuanto a cómo caracterizar diferentes patrones en las neuronas de salida, ya que deberían ser dos y cada una de ellas debería representar cada patrón por separado. No obstante, el ejemplo no pierde validez por este cambio, y la red es más simple, lo cual es muy conveniente para la exposición.

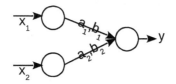

Ilustración 88: Topología para funciones booleanas no XOR

Para los grupos 1, 2, 3, 5 y 6, se puede plantear una topología sin tan siquiera neuronas internas, como la que se ve en la ilustración 88, y aun así conseguir que el aprendizaje converja.

Para conseguir la topología indicada la sentencia adecuada en ABBANN es create network 2 x 1, 1 x 1 no internal.

Tomando el grupo 2, ejemplificado en la función 0001 (AND):

```
(none)> create environment boole_0001.abd;
   Done: File boole_0001.abd created.
boole_0001.abd> create network 2 x 1, 1 x 1 no internal;
   Done: Network boole_0001.abd created with 3 neurons and 2 synapses.
boole_0001.abd> create stimulus 0 from 00_in.dat,0_out.dat;
 Warning: Modifying STIMULUS_INPUT_LINE_SIZE with 2.
 Warning: Modifying STIMULUS_OUTPUT_LINE_SIZE with 1.
   Done: Stimulus 0 (input 00_in.dat, target 0_out.dat) created.
boole_0001.abd> create stimulus 1 from 01_in.dat,0_out.dat;
   Done: Stimulus 1 (input 01_in.dat, target 0_out.dat) created.
boole_0001.abd> create stimulus 2 from 10_in.dat,0_out.dat;
   Done: Stimulus 2 (input 10_in.dat, target 0_out.dat) created.
boole_0001.abd> create stimulus 3 from 11_in.dat,1_out.dat;
   Done: Stimulus 3 (input 11_in.dat, target 1_out.dat) created.
boole_0001.abd> enrich experience 1 with 0;
   Done: Experience 1 enriched with stimulus 0 and ordinal 0.
boole_0001.abd> enrich experience 1 with 1;
   Done: Experience 1 enriched with stimulus 1 and ordinal 1.
boole_0001.abd> enrich experience 1 with 2;
   Done: Experience 1 enriched with stimulus 2 and ordinal 2.
boole_0001.abd> enrich experience 1 with 3;
   Done: Experience 1 enriched with stimulus 3 and ordinal 3.
```

En las sentencias anteriores se entiende que:

- El fichero 00_in.dat contiene '00'.
- El fichero 01_in.dat contiene '01'.
- El fichero 10_in.dat contiene '10'.
- El fichero 11_in.dat contiene '11'.
- El fichero 0_out.dat contiene '0'.
- El fichero 1_out.dat contiene '1'.

Al cargar los estímulos, se ha asignado:

- Para la entrada '00' el objetivo '0'.
- Para la entrada '01' el objetivo '0'.

- Para la entrada '10' el objetivo '0'.
- Para la entrada '11' el objetivo '1'.

Que equivale a establecer como objetivo de salida la función AND.

Ahora puede procederse a entrenar la red:

```
boole_0001.abd> learn experience 1 until maximum error < 0.1;
Getting ready for learning loops
Backpropagation learning mode
Building internal structures...
28 KB allocated
Experience learning report:            Average  Maximum
                            error       0.522577 0.685333 (in 0)
                            diferential 2.240817 2.937946 (in 0)
                            correction  0.001220 0.001547 (in 3)
                            [...]
Experience learning report:            Average  Maximum
                            error       0.062185 0.099945 (in 1)
                            diferential 0.665381 1.096229 (in 3)
                            correction  0.000055 0.000090 (in 3)
  Done: 4208 learn loops in 3 seconds (1052 experiences completed).
```

La función es ahora claramente reconocida:

```
boole_0001.abd> eval experience 1;
One step evaluation mode
    Error with stimulus    0 = 0.000521
      Output neuron    3: 0.000521, target: 0.000000 -> difference: 0.000521
    Error with stimulus    1 = 0.072135
      Output neuron    3: 0.072135, target: 0.000000 -> difference: 0.072135
    Error with stimulus    2 = 0.076018
      Output neuron    3: 0.076018, target: 0.000000 -> difference: 0.076018
    Error with stimulus    3 = 0.099786
      Output neuron    3: 0.900214, target: 1.000000 -> difference: -0.099786
  Done: Evaluated 4 times (Average error: 0.062115).
```

A la vista de las sinapsis:

```
boole_0001.abd> show all synapses;
 from|  to |   a    ,   b    |marked
-----|-----|--------,--------+------
  001|  003|0.177035,0.594491|  no
  002|  003|0.198902,0.622975|  no
  Done: 2 synapses have been shown.
```

y dada la simplicidad de la topología, es relativamente asequible escribir la expresión analítica que evalúa la red[102]:

---

102 Incluso para una red tan simple como esta, el escribir la expresión analítica en una sola fórmula es poco manejable. Por eso se ha descompuesto en varias.

sea $f_1(x_1) = (0.594491 - 0.177035)x + 0.177035$

sea $f_2(x_2) = (0.622975 - 0.198902)x + 0.198902$

sea $f(x_1, x_2) = \dfrac{f_1(x_1) \cdot f_2(x_2)}{f_1(x_1) \cdot f_2(x_2) + (1 - f_1(x_1)) \cdot (1 - f_2(x_2))}$

$$y = \text{and}(x_1, x_2) = \begin{cases} \dfrac{1}{2}(2 \cdot f(x_1, x_2))^3 \, si \, f(x_1, x_2) \in [0, \tfrac{1}{2}] \\ 1 - \dfrac{1}{2} \cdot (2 - 2 \cdot f(x_1, x_2))^3 \, si \, f(x_1, x_2) \in (\tfrac{1}{2}, 1] \end{cases}$$

Se asume que la dureza de la función de activación es 3.

La representación gráfica de los valores de la neurona de salida en función de los valores de las neuronas de entrada, esto es, la función global implementada por la red, se puede apreciar en la ilustración 89. En este gráfico se puede ver que la salida:

- alcanza su mínimo en (0,0), muy por debajo de $\dfrac{1}{2}$ y cerca de 0.

- alcanza su máximo en (1,1), muy por encima de $\dfrac{1}{2}$ y cerca de 1.

- para valores como (0,1) ó (1,0), siendo el resultado apreciablemente superior a 0, sigue estando muy por debajo de $\dfrac{1}{2}$.

Todo lo anterior es coherente con el comportamiento de la función AND.

Para los grupos 1, 3, 5 y 6 los resultados son análogos en el sentido de que las funciones son implementables con la misma arquitectura de red.

Los casos del grupo 4 son especiales.

Hay que tener en cuenta que para los grupos distintos al 4, el número de iteraciones de aprendizaje que hace que el umbral de error máximo caiga por debajo de 0.1 oscila entre 996 (función 0000) y 4220 ciclos (función 0111).

Sin embargo, para la función 0110 (XOR), tras 4000000 de ciclos la red está claramente lejos de aprender el patrón con la arquitectura anterior, y se observa que se ha estabilizado sin avanzar en el aprendizaje:

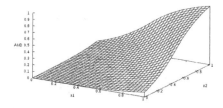

Ilustración 89: Función AND

```
(none)> create environment boole_0110.abd;
  Done: File boole_0110.abd created.
boole_0110.abd> create network 2 x 1, 1 x 1 no internal;
  Done: Network boole_0110.abd created with 3 neurons and 2 synapses.
boole_0110.abd> create stimulus 0 from 00_in.dat,0_out.dat;
Warning: Modifying STIMULUS_INPUT_LINE_SIZE with 2.
Warning: Modifying STIMULUS_OUTPUT_LINE_SIZE with 1.
  Done: Stimulus 0 (input 00_in.dat, target 0_out.dat) created.
boole_0110.abd> create stimulus 1 from 01_in.dat,1_out.dat;
  Done: Stimulus 1 (input 01_in.dat, target 1_out.dat) created.
boole_0110.abd> create stimulus 2 from 10_in.dat,1_out.dat;
  Done: Stimulus 2 (input 10_in.dat, target 1_out.dat) created.
boole_0110.abd> create stimulus 3 from 11_in.dat,0_out.dat;
  Done: Stimulus 3 (input 11_in.dat, target 0_out.dat) created.
boole_0110.abd> enrich experience 1 with 0;
  Done: Experience 1 enriched with stimulus 0 and ordinal 0.
boole_0110.abd> enrich experience 1 with 1;
  Done: Experience 1 enriched with stimulus 1 and ordinal 1.
boole_0110.abd> enrich experience 1 with 2;
  Done: Experience 1 enriched with stimulus 2 and ordinal 2.
boole_0110.abd> enrich experience 1 with 3;
  Done: Experience 1 enriched with stimulus 3 and ordinal 3.
boole_0110.abd> learn experience 1 1000000 times;
Getting ready for 4000000 loops
Backpropagation learning mode
Building internal structures...
28 KB allocated
Experience learning report:        Average   Maximum
                        error      0.492851  0.791361 (in 0)
                        diferential 2.251480 2.937946 (in 0)
                        correction 0.001067  0.001547 (in 1)
                                   [...]
Experience learning report:        Average   Maximum
                        error      0.504500  0.504500 (in 2)
                        diferential 2.981955 2.981955 (in 0)
                        correction 0.001504  0.001504 (in 0)
  Done: 4000000 learn loops in 2538 seconds (1000000 experiences completed).
```

La razón es la señalada en la página 17, ya que los patrones de este grupo no son linealmente separables. Allí se recordó el resultado obtenido por Minsky y Papert para el perceptrón. En la última prueba se ha obtenido una evidencia experimental de que la propuesta de ABBANN se comporta de forma análoga cuando carece de capas internas.

En la ilustración 87 se ha sobreimpresionado con una linea punteada una posible separación para cada una de las funciones, comprobándose con facilidad que para las funciones 0110 y 1001 no es posible hacerlo mediante una recta: no son funciones linealmente separables.

Para resolver este último caso se requiere, al igual que en el modelo clásico, de al menos una capa interna, como se ve en la ilustración 90.

Para conseguir la topología indicada la sentencia adecuada en ABBANN es create network 2 x 1, 1 x 1, seguida de spawn {2}.

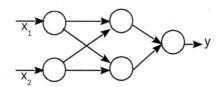

Ilustración 90: Topología para funciones booleanas XOR

Con esta arquitectura sí se puede conseguir la convergencia de la red:

```
(none)> create environment boole_0110_internal.abd;
  Done: File boole_0110_internal.abd created.
boole_0110_internal.abd> create network 2 x 1, 1 x 1;
  Done: Network created with 4 neurons and 3 synapses.
boole_0110_internal.abd> mark all neurons;
  Done: All internal neurons marked.
boole_0110_internal.abd> spawn {2};
  Done: 2 neurons have been born and 1 have died (net balance: 1). 6 synapses have
been born and 3 have died (net balance: 3).
boole_0110_internal.abd> create stimulus 0 from 00_in.dat,0_out.dat;
 Warning: Modifying STIMULUS_INPUT_LINE_SIZE with 2.
 Warning: Modifying STIMULUS_OUTPUT_LINE_SIZE with 1.
  Done: Stimulus 0 (input 00_in.dat, target 0_out.dat) created.
boole_0110_internal.abd> create stimulus 1 from 01_in.dat,1_out.dat;
  Done: Stimulus 1 (input 01_in.dat, target 1_out.dat) created.
boole_0110_internal.abd> create stimulus 2 from 10_in.dat,1_out.dat;
  Done: Stimulus 2 (input 10_in.dat, target 1_out.dat) created.
boole_0110_internal.abd> create stimulus 3 from 11_in.dat,0_out.dat;
  Done: Stimulus 3 (input 11_in.dat, target 0_out.dat) created.
boole_0110_internal.abd> enrich experience 1 with 0;
  Done: Experience 1 enriched with stimulus 0 and ordinal 0.
boole_0110_internal.abd> enrich experience 1 with 1;
  Done: Experience 1 enriched with stimulus 1 and ordinal 1.
boole_0110_internal.abd> enrich experience 1 with 2;
  Done: Experience 1 enriched with stimulus 2 and ordinal 2.
boole_0110_internal.abd> enrich experience 1 with 3;
  Done: Experience 1 enriched with stimulus 3 and ordinal 3.
boole_0110_internal.abd> learn experience 1 until maximum error < 0.1;
Getting ready for learning loops
Backpropagation learning mode
Building internal structures...
45 KB allocated
Experience learning report:           Average  Maximum
                            error     0.504296 0.561703 (in 1)
                            diferential 0.715545 2.290521 (in 0)
                            correction 0.000358 0.001204 (in 3)
                                       [...]
Experience learning report:           Average  Maximum
                            error     0.094457 0.099956 (in 1)
                            diferential 0.572299 1.380443 (in 1)
                            correction 0.000054 0.000138 (in 1)
  Done: 8184 learn loops in 7 seconds (2046 experiences completed).
```

Esta nueva topología sí ha convergido en su proceso de aprendizaje, y reconoce correctamente los patrones de la función XOR:

```
boole_0110_2.abd> eval experience 1;
One step evaluation mode
   Error with stimulus      0 = 0.091818
      Output neuron      4: 0.091818, target: 0.000000 -> difference: 0.091818
   Error with stimulus      1 = 0.099731
      Output neuron      4: 0.900269, target: 1.000000 -> difference: -0.099731
   Error with stimulus      2 = 0.080639
      Output neuron      4: 0.919361, target: 1.000000 -> difference: -0.080639
   Error with stimulus      3 = 0.092301
      Output neuron      4: 0.092301, target: 0.000000 -> difference: 0.092301
   Done: Evaluated 4 times (Average error: 0.091122).
```

En la página 36 se indicaba que la función de agregación que utiliza ABBANN hace innecesario el uso de una función de activación no lineal. La función de activación puede anularse en la práctica asignando a 1 la variable de contexto HARDNESS.

Repitiendo el proceso de aprendizaje, pero con esta asignación de la dureza:

```
                              [...]
boole_0110_internal_hardness1.abd> modify context HARDNESS 1;
   Done: Context HARDNESS modyfied with 1.
boole_0110_internal_hardness1.abd> learn experience 1 until maximum error < 0.1;
                              [...]
Experience learning report:            Average   Maximum
                           error       0.078547  0.099999 (in 0)
                           diferential 1.963031  16.074981 (in 1)
                           correction  0.000165  0.001350 (in 1)
   Done: 136624 learn loops in 133 seconds (34156 experiences completed).
```

Se hacen evidentes dos conclusiones: la primera es que el proceso de aprendizaje acaba convergiendo aun sin función de activación, la segunda es que esta convergencia es mucho más lenta.

Reconocimiento de escritura mecánica

El siguiente caso de ejemplo implementa una red que es capaz de reconocer dígitos escritos a máquina.

Concretamente, la colección de patrones que se pretende reconocer es la mostrada en la ilustración 91.

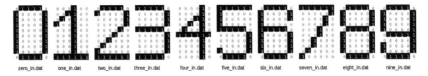

Ilustración 91: 10 patrones de escritura mecánica

Bajo cada uno de estos patrones están los nombres de archivo por los que se referenciarán en breve al realizar la carga de muestras.

En realidad, en este ejemplo, el concepto de patrón no está suficientemente desarrollado, cosa que sí ocurrirá en el caso del capítulo siguiente. La razón es que un patrón tiene que ver con una colección de muestras que deben clasificarse bajo una misma agrupación. En este ejemplo cada patrón se corresponde con una y solo una muestra.

En todo caso, es claro que se puede entrenar una red para que aprenda estos mal llamados *patrones* y es acertado como caso simple:

```
(none)> create environment mechanical_writing.abd;
   Done: File mechanical_writing.abd created.
mechanical_writing.abd> create network 6 x 10, 10 x 1;
   Done: Network created with 71 neurons and 70 synapses.
mechanical_writing.abd> create stimulus 0 from zero_in.dat,zero_out.dat;
 Warning: Modifying STIMULUS_INPUT_LINE_SIZE with 6.
 Warning: Modifying STIMULUS_OUTPUT_LINE_SIZE with 10.
   Done: Stimulus 0 (input zero_in.dat, target zero_out.dat) created.
mechanical_writing.abd> create stimulus 1 from one_in.dat,one_out.dat;
   Done: Stimulus 1 (input one_in.dat, target one_out.dat) created.
                                [...]
mechanical_writing.abd> create stimulus 9 from nine_in.dat,nine_out.dat;
   Done: Stimulus 9 (input nine_in.dat, target nine_out.dat) created.
mechanical_writing.abd> enrich experience 1 with 0;
   Done: Experience 1 enriched with stimulus 0 and ordinal 0.
mechanical_writing.abd> enrich experience 1 with 1;
   Done: Experience 1 enriched with stimulus 1 and ordinal 1.
                                [...]
mechanical_writing.abd> enrich experience 1 with 9;
   Done: Experience 1 enriched with stimulus 9 and ordinal 9.
```

Ya se ha indicado que las señales de entrada son las de la ilustración 91. En cuanto a los archivos de salida objetivo:

- zero_out.dat   contiene   '1000000000'.
- one_out.dat   contiene   '0100000000'.
- two_out.dat   contiene   '0010000000'.
- three_out.dat   contiene   '0001000000'.
- four_out.dat   contiene   '0000100000'.
- five_out.dat   contiene   '0000010000'.
- six_out.dat   contiene   '0000001000'.
- seven_out.dat   contiene   '0000000100'.
- eight_out.dat   contiene   '0000000010'.
- nine_out.dat   contiene   '0000000001'.

Se termina ahora la construcción de la red y se procede a su entrenamiento:

```
mechanical_writing.abd> mark all neurons;
   Done: All internal neurons marked.
mechanical_writing.abd> spawn {6};
   Done: 6 neurons have been born and 1 have died (net balance: 5). 420 synapses
have been born and 70 have died (net balance: 350).
mechanical_writing.abd> learn experience 1 until maximum error < 0.5;
Getting ready for learning loops
```

```
Backpropagation learning mode
Building internal structures...
406 KB allocated
Experience learning report:          Average   Maximum
                       error         1.806556  2.100267 (in 6)
                       diferential   0.217480  0.960359 (in 1)
                       correction    0.000391  0.001574 (in 4)
Experience learning report:          Average   Maximum
                       error         1.540263  1.839484 (in 5)
                       diferential   0.221222  1.111010 (in 9)
                       correction    0.000343  0.001535 (in 4)
                                     [...]
Experience learning report:          Average   Maximum
                       error         0.366007  0.499689 (in 2)
                       diferential   0.088455  1.944429 (in 2)
                       correction    0.000035  0.000911 (in 8)
  Done: 5740 learn loops in 57 seconds (574 experiences completed).
```

En la última sentencia (learn experience ...) se ha hecho uso del criterio de parada señalado en la página 51, que asegura que todos los patrones de aprendizaje son reconocidos.

En el anterior listado se ha omitido la lista completa de informes de aprendizaje que han ido saliendo, reproduciendo sólo los dos primeros y el último (Experience learning report: ...), en el que se ve que el error máximo a lo largo de toda la experiencia del último ciclo de aprendizaje es, efectivamente, inferior a 0.5.

Es interesante tener una perspectiva de la evolución de los tres valores mostrados en estos informes a lo largo de las 574 experiencias expuestas a la red.

Estas evoluciones se pueden ver en las ilustraciones 92, 93 y 94.

La red debería ser ahora capaz de reconocer cualquiera de los patrones.

Se recurre ahora a un modo más compacto de ver el resultado de las evaluaciones mediante modify context EVALUATE_FORMAT PATTERN. Con esta sentencia, evaluate mostrará sólo la neurona de salida cuyo estado es > 0.5, y que representa el patrón reconocido, además señalará si este es el esperado según la salida objetivo asociada a la entrada:

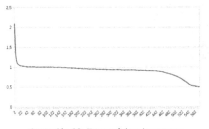

Ilustración 92: Error máximo hasta que este es < 0.5

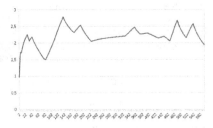

Ilustración 93: Diferencial máximo hasta que el error máximo es < 0.5

```
mechanical_writing.abd> modify context EVALUATE_FORMAT PATTERN;
  Done: Context EVALUATE_FORMAT modyfied with PATTERN.
mechanical_writing.abd> evaluate experience 1;
One step evaluation mode
  Error with stimulus      0 = 0.343928
    Output neuron      62: 0.803635, target: 1.000000 -> OK
  Error with stimulus      1 = 0.296023
    Output neuron      63: 0.824305, target: 1.000000 -> OK
  Error with stimulus      2 = 0.463134
    Output neuron      64: 0.633893, target: 1.000000 -> OK
  Error with stimulus      3 = 0.347447
    Output neuron      65: 0.758892, target: 1.000000 -> OK
  Error with stimulus      4 = 0.340240
    Output neuron      66: 0.713472, target: 1.000000 -> OK
  Error with stimulus      5 = 0.338034
    Output neuron      67: 0.806057, target: 1.000000 -> OK
  Error with stimulus      6 = 0.452093
    Output neuron      68: 0.667184, target: 1.000000 -> OK
  Error with stimulus      7 = 0.311924
    Output neuron      69: 0.827207, target: 1.000000 -> OK
  Error with stimulus      8 = 0.485143
    Output neuron      70: 0.664016, target: 1.000000 -> OK
  Error with stimulus      9 = 0.243726
    Output neuron      71: 0.832478, target: 1.000000 -> OK
  Done: Evaluated 10 times (Average error: 0.362169).
```

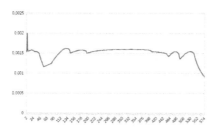

Ilustración 94: Corrección máxima hasta que el
error máximo es < 0.5

Las neuronas 62 a 71 son las de salida de la red, y cada una de ellas representa uno de los patrones de uno de los dígitos 0 a 9 respectivamente.

Como se observa, cada señal de entrada excita una neurona distinta de salida, y esta es la de la salida objetivo como indica el OK final.

Aunque el criterio de parada ha cumplido su misión, cabe preguntarse si se puede mejorar la calidad del reconocimiento conseguido. A la vista de las ilustraciones 92, 93 y 94, es claro que el error estaba en el momento de la parada en una fase descendente, y el diferencial de este error en unos valores altos, aunque también en descenso. Atendiendo a esto, podría ser un buen momento para continuar el entrenamiento de la red, pero centrados ahora en un criterio de parada que dé importancia a la cercanía de un mínimo local, como es el basado en la derivada del error:

```
mechanical_writing.abd> learn experience 1 until maximum diferential < 1.5;
Getting ready for learning loops
Backpropagation learning mode
Building internal structures...
420 KB allocated
Experience learning report:              Average   Maximum
                          error          0.364949  0.498319 (in 2)
                          diferential    0.088198  1.932454 (in 2)
                          correction     0.000035  0.000901 (in 8)
Experience learning report:              Average   Maximum
                          error          0.363900  0.496958 (in 2)
                          diferential    0.087942  1.920665 (in 2)
                          correction     0.000034  0.000892 (in 8)
                                    [...]
Experience learning report:              Average   Maximum
                          error          0.251154  0.338378 (in 6)
                          diferential    0.062481  1.498951 (in 6)
                          correction     0.000017  0.000466 (in 8)
  Done: 1800 learn loops in 21 seconds (180 experiences completed).
```

Se muestran de nuevo las evoluciones de los tres indicadores en las ilustraciones 95, 96 y 97.

En ellas se puede apreciar que la red entra en una fase estable, en el que el aprendizaje es cada vez más lento.

La calidad del reconocimiento ahora ha mejorado considerablemente, como era de esperar a la vista del máximo error calculado en la última iteración:

```
mechanical_writing.abd> evaluate experience 1;
One step evaluation mode
   Error with stimulus    0 = 0.257088
     Output neuron   62: 0.848112, target: 1.000000 -> OK
   Error with stimulus    1 = 0.215294
     Output neuron   63: 0.866770, target: 1.000000 -> OK
   Error with stimulus    2 = 0.290783
     Output neuron   64: 0.805066, target: 1.000000 -> OK
   Error with stimulus    3 = 0.221911
     Output neuron   65: 0.841699, target: 1.000000 -> OK
   Error with stimulus    4 = 0.227864
     Output neuron   66: 0.825093, target: 1.000000 -> OK
   Error with stimulus    5 = 0.235853
     Output neuron   67: 0.849591, target: 1.000000 -> OK
```

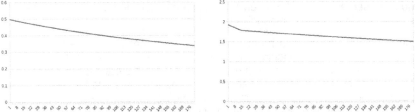

Ilustración 95: Error máximo hasta que el diferencial máximo es < 1.5

Ilustración 96: Diferencial máximo hasta que este es < 1.5

```
Error with stimulus      6 = 0.309117
   Output neuron      68: 0.760674, target: 1.000000 -> OK
Error with stimulus      7 = 0.213075
   Output neuron      69: 0.865292, target: 1.000000 -> OK
Error with stimulus      8 = 0.332720
   Output neuron      70: 0.772402, target: 1.000000 -> OK
Error with stimulus      9 = 0.193648
   Output neuron      71: 0.854315, target: 1.000000 -> OK
Done: Evaluated 10 times (Average error: 0.249735).
```

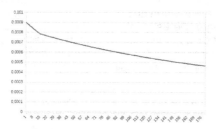

Ilustración 97: Correción máxima hasta que el
diferencial máximo < 1.5

Aunque el gran valor de una red neuronal es la tolerancia a señales de entrada parecidas a las que ha aprendido, y no necesariamente iguales, no sería acertado en este caso pretender que la red recientemente entrenada tuviese este comportamiento. La razón es que la red no ha tenido ninguna oportunidad de generalizar información alguna sobre los patrones, ya que sólo ha podido aprender una muestra por patrón.

Reconocimiento de escritura natural

En el ejemplo anterior se planteaba el reconocimiento de escritura mecánica, en este se plantea el reconocimiento de escritura natural.

La característica esencial de la escritura natural es que es diversa entre personas, como se ve en la ilustración 98. Incluso para una misma persona, el escribir una letra o número dos veces exactamente igual es imposible.

En este caso el concepto de patrón se desarrolla plenamente, ya que cada uno de estos sí que está constituido por una colección de muestras de entrada parecidas entre sí, pero no iguales.

El planteamiento de esta prueba es el siguiente:

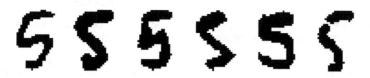

Ilustración 98: Seis diferentes muestras del patrón "5"

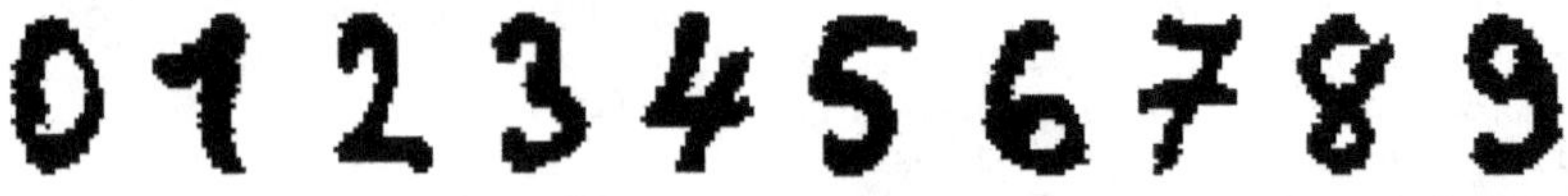

0123456789

Ilustración 99: Las 10 muestras de validación para el test final

Se dispone de una colección de 1924 señales de entradas manuscritas repartidas entre los dígitos de 0 a 9. La forma que toma cada una de estas señales es una imagen rudimentaria consistente en una matriz de 32x32 elementos, cada uno de los cuales puede ser blanco o negro. De esta colección de imágenes se apartará una muestra para cada dígito, es decir 10, a las que se llamará *muestras de validación*, que son las que se ven en la ilustración 99. El resto quedarán como *muestras de entrenamiento*. Este planteamiento responde a lo explicado en la página 49.

Tras aplicar un proceso de aprendizaje con las muestras de entrenamiento, se espera que la red haya sido capaz de generalizar la imagen de cada uno de los dígitos. En ese momento se someterá a la red a la evaluación de las muestras de validación, que nunca han sido observadas por la red en fase de entrenamiento, y se comprobará la calidad del reconocimiento.

Vale la pena hacer algunas observaciones sobre el valor que aporta el separar las muestras de entrenamiento de las muestras de validación.

Es un resultado bien conocido el que una red con un número excesivo de neuronas en sus capa ocultas no llega a generalizar realmente los patrones. En tal situación la red tiende a memorizar las muestras de entrenamiento separadamente, y se acaba construyendo una base de datos contenida en los valores de las sinapsis: cada muestra se almacena casi individualmente. En tal caso la red reconocerá pobremente una muestra no contenida en esta base de datos, como es el caso de las muestras de validación.

Por contra, si el número de neuronas en las capas internas es menor, la red se ve forzada a hacer un uso más eficiente de estas neuronas y sinapsis. Esto implica encontrar los factores generalizadores de cada patrón, y esa generalización permite a la red reconocer muestras aunque no se haya entrenado con ellas.

Finalmente, si el número de neuronas en capas internas es demasiado reducido, la red alcanzará una generalización excesiva de los patrones, que se traducirá en que sólo reconocerá muestras de entrada que se aparten poco del patrón *ideal*, o lo que se deduzca como ideal a partir del juego de muestras de entrenamiento. Aquellos casos menos parecidos a esta generalización no se reconocerán.

En definitiva, la calidad del reconocimiento de las muestras de validación actúan como una métrica de la potencia de la generalización que ha logrado la red.

Es claro que el encontrar el número de neuronas ocultas correcto para un problema dado es un factor clave para alcanzar esta generalización óptima.

De acuerdo con lo anterior, se van a crear dos experiencias, la 1 para la etapa de aprendizaje, y la 2 para la de validación, esta última sin señales de salida asociadas.

Puesto que la base de datos[103] de la que han sido tomadas las muestras las presenta en un orden aparentemente aleatorio, que es lo recomendado en la página 44 para ciclos de aprendizaje, se respetará este orden:

```
(none)> create environment handwriting.abd;
  Done: File handwriting.abd created.
handwriting.abd> create network 32 x 32, 10 x 1;
  Done: Network created with 1035 neurons and 1034 synapses.
handwriting.abd> create stimulus 0000 from input_0000_0.dat,output_0.dat;
  Warning: Modifying STIMULUS_INPUT_LINE_SIZE with 32.
  Warning: Modifying STIMULUS_OUTPUT_LINE_SIZE with 10.
  Done: Stimulus 0 (input input_0000_0.dat, target output_0.dat) created.
handwriting.abd> create stimulus 0001 from input_0001_0.dat,output_0.dat;
  Done: Stimulus 1 (input input_0001_0.dat, target output_0.dat) created.
                                  [...]
handwriting.abd> create stimulus 1933 from input_1933_8.dat,output_8.dat;
  Done: Stimulus 1933 (input input_1933_8.dat, target output_8.dat) created.
handwriting.abd> enrich experience 1 with 0000;
  Done: Experience 1 enriched with stimulus 0 and ordinal 0.
handwriting.abd> enrich experience 1 with 0001;
  Done: Experience 1 enriched with stimulus 1 and ordinal 1.
                                  [...]
handwriting.abd> enrich experience 1 with 1933;
  Done: Experience 1 enriched with stimulus 1933 and ordinal 1923.
handwriting.abd> create stimulus 1406 from input_1406_0.dat,output_0.dat;
  Done: Stimulus 1406 (input input_1406_0.dat, target output_0.dat) created.
handwriting.abd> create stimulus 1335 from input_1335_1.dat,output_1.dat;
  Done: Stimulus 1335 (input input_1335_1.dat, target output_1.dat) created.
                                  [...]
handwriting.abd> create stimulus 0894 from input_0894_9.dat,output_9.dat;
  Done: Stimulus 894 (input input_0894_9.dat, target output_9.dat) created.
handwriting.abd> enrich experience 2 with 1406;
  Done: Experience 2 enriched with stimulus 1406 and ordinal 0.
handwriting.abd> enrich experience 2 with 1335;
  Done: Experience 2 enriched with stimulus 1335 and ordinal 1.
                                  [...]
handwriting.abd> enrich experience 2 with 0894;
  Done: Experience 2 enriched with stimulus 894 and ordinal 9.
```

Se plantea ahora la necesidad de planificar una arquitectura para la red.

Se recurre en este caso a los resultados expuestos por Richard P. Lippmann en [Lippmann 1987]. En estos se indica la relación existente entre las regiones de decisión que es capaz de distinguir una red y el número de capas ocultas que tiene. Muy resumidamente, Lippmann indica que sin ninguna capa de neuronas internas la red es capaz de distinguir únicamente regiones linealmente separables. Con una capa interna es capaz de discriminar regiones con convexidades. Hasta aquí, Lippmann recuerda lo demostrado por Minsky y Papert, que ya ha sido referido en la página 17, y que luego se ha aplicado en el caso tipo correspondiente a las funciones lógicas, dentro de las cuales está la XOR. Lippmann añade a lo anterior que con dos capas de neuronas internas las regiones de decisión pueden ser arbitrariamente complejas, siempre que el número de neuronas en ellas sea suficiente. Con más capas internas se pueden

---

103   Las muestras que se se van a utilizar en este epígrafe han sido tomadas de la fuente que se indica en el capítulo de Créditos.

conseguir mejores resultados en cuanto a la precisión del reconocimiento o a la disminución del número de ciclos de entrenamiento, que son mejoras cuantitativas, pero no se obtendrá una mejora cualitativa en el sentido de poder distinguir regiones de decisión imposibles de alcanzar para dos capas.

Aunque no se ofrece una demostración formal, se considerará que los resultados de Lippmann son extrapolables a la matemática de ABBANN.

En el caso de escritura natural que se plantea, es claro que una arquitectura con dos capas de neuronas internas garantiza la existencia de una red que resuelva el problema. En todo caso, se opta por probar primeramente con una red de una capa interna por dos razones: en primer lugar, en los casos en que se usa el perceptrón multicapa, con una sola capa interna se resuelven problemas relativamente complejos; en segundo lugar el usar dos capas internas aumenta considerablemente la posibilidad de encontrar un mínimo local en fase de aprendizaje.

Una vez decidido el número de capas internas, procede preguntarse cuántas neuronas deben crearse en cada una de estas capas.

También en [Lippmann 1987] se dan algunas directrices al respecto. En el caso presente se va a considerar que el número de neuronas internas se puede ir regulando dinámicamente. Así que bastará con aplicar como criterio de partida algo tan impreciso y obvio como que debe estar en algún valor intermedio entre el número de neuronas de entrada (1024) y de salida (10), más cercano al segundo que al primero.

Con ayuda de la tensión neural y la aplicación de planes de crecimiento se podrá aumentar el número de sinapsis y neuronas, decidiendo por dónde se debe reforzar la reproducción de estas últimas, con lo que se incrementará la arquitectura; con ayuda de algunos pasos de simplificación de la red se sacrificarán sinapsis y neuronas que aportan poca información, con lo que la arquitectura disminuirá.

Puesto que hay recursos para aumentar y disminuir la red, es correcto comenzar con una arquitectura deliberadamente simple en extremo, procediendo posteriormente a aumentarla y disminuirla como sea necesario.

Se comenzará con 6 neuronas internas, que será el fruto de aplicar sobre la arquitectura de nacimiento, con una sola neurona interna, el plan de crecimiento {6} .

Atendiendo a lo anterior, y continuando las últimas sentencias[104]:

```
handwriting.abd> mark all neurons;
    Done: All internal neurons marked.
handwriting.abd> spawn {6};
    Done: 6 neurons have been born and 1 have died (net balance: 5). 6204 synapses
have been born and 1034 have died (net balance: 5170).
```

Incluso para una arquitectura tan simple, ya se están manejando 6204 sinapsis.

---

104 Por la forma en que se va a exponer lo que sigue, se podría entender que se tiene desde el principio un plan bien trazado, en el que se han diseñado todos los pasos a dar antes de ejecutar el primero. Esto es, sin embargo, un planteamiento idealizado: en este caso tipo se han ido ensayando diversas maneras de manejar el problema hasta terminar con la que se expone. Teniendo esto en cuenta, el ejemplo pretende ser más ilustrativo que exhaustivo.

Puesto que se está disponiendo todo para comenzar en breve los ciclos de aprendizaje, es útil averiguar el ritmo al que este debe producirse, es decir, el valor de LEARNING_RATE:

```
handwriting.abd> statistics;
-NEURONS-
    Distribution along Z axe         : Correct
    Input neurons                    : 1024
    Output neurons                   : 10
    Internal neurons                 : 6
    All neurons                      : 1040
    Total excitation                 : 520.000000
    Average excitation               : 0.500000
    Standard deviation excitation    : 0.000000
    Minimum tension                  : 0.000000
    Maximum tension                  : 0.000000
    Average tension                  : 0.000000
-SYNAPSES-
    Recursive net                    : No
    All synapses                     : 6204
    Average information per synapsis: 0.090134
    Std dev information per synapsis: 0.051892
    Total information                : 559.193757
    Minimum tension                  : 0.000000
    Maximum tension                  : 0.000000
    Average tension                  : 0.000000
-LEARNING RATE HINT-
    Maximum inputs of a neuron       : 1024
    Learning Rate must be lower than: 0.000536
```

Se establece el ritmo de aprendizaje de acuerdo con la recomendación:

```
handwriting.abd> modify context LEARNING_RATE 0.0005;
    Done: Context LEARNING_RATE modyfied with 0.0005.
```

Aunque se esté ejecutando en este momento el entrenamiento de la red no se puede aspirar a terminar en una situación en que se generalicen correctamente los patrones. Esto es debido a que hay un número excesivamente reducido de neuronas internas. De cualquier modo, lo que sí se puede conseguir es calcular las tensiones sinápticas que indiquen en qué partes de la red vale la pena aplicar esquemas de crecimiento diferenciados.

Para provocar estas tensiones basta con recorrer la experiencia de aprendizaje pocas veces:

```
handwriting.abd> learn experience 1 3 times;
Getting ready for 5772 loops
Backpropagation learning mode
Building internal structures...
5216 KB allocated
Progress: 33%, ellapsed time 335, estimated to end 671 (11 minutes aprox)
Experience learning report:            Average   Maximum
                            error       0.957078  1.856092 (in 1785)
                            diferential 0.007337  2.158116 (in 5)
                            correction  0.000004  0.000800 (in 3)
```

```
Progress: 66%, ellapsed time 670, estimated to end 335 (6 minutes aprox)
Experience learning report:              Average   Maximum
                              error       0.922143  1.145890 (in 1024)
                              diferential 0.006641  2.583100 (in 1492)
                              correction  0.000003  0.000795 (in 1765)
Progress: 100%, ellapsed time 996, estimated to end 0
Experience learning report:              Average   Maximum
                              error       0.891487  1.190648 (in 589)
                              diferential 0.010844  2.638141 (in 1776)
                              correction  0.000005  0.000993 (in 1226)
   Done: 5772 learn loops in 996 seconds (3 experiences completed).
```

Se plantea ahora la ejecución de planes de crecimiento adicionales, potenciando este crecimiento en aquellas neuronas en las que la tensión neural es mayor:

```
handwriting.abd> unmark all neurons;
   Done: All internal neurons unmarked.
handwriting.abd> percentile all by neural tension 6;
Population: 6
P 0: 0.519635
P17: 0.531451
P33: 0.531451
P50: 0.540377
P67: 0.767157
P83: 0.767157
Max: 0.899696
   Done.
handwriting.abd> mark neurons with tension > 0.54;
   Done: 3 internal neurons changed to marked (3 marked and 3 unmarked).
handwriting.abd> spawn {4};
   Done: 12 neurons have been born and 3 have died (net balance: 9). 12408 synapses
have been born and 3102 have died (net balance: 9306).
```

y debilitándolo para aquellas cuya tensión es menor (hay que reparar en que las neuronas no reproducidas en el paso anterior son las únicas que tienen tensión neural):

```
handwriting.abd> unmark all neurons;
   Done: All internal neurons unmarked.
handwriting.abd> mark neurons with tension > 0;
   Done: 3 internal neurons changed to marked (3 marked and 12 unmarked).
handwriting.abd> spawn {3};
   Done: 9 neurons have been born and 3 have died (net balance: 6). 9306 synapses
have been born and 3102 have died (net balance: 6204).
```

Es interesante en este momento generar la visualización de la red:

```
handwriting.abd> export network as html5 to handwriting_1;
   Done: File handwriting_1.htm created. The files Three.js and OrbitControls.js are
necesary in order to use it.
```

Que se puede observar en la ilustración 100. Este será el máximo tamaño de arquitectura que alcanzará la red, y consta de 21 neuronas internas y 21714 sinapsis, como puede comprobarse con la sentencia statistics.

Se acomete ahora una fase decisiva, ya que se va a someter a la red a la experiencia de entrenamiento:

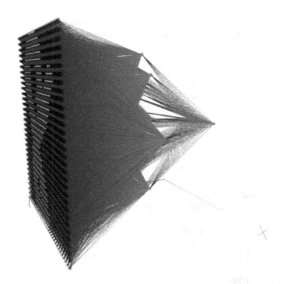

Ilustración 100: Arquitectura tras aplicar diversos planes de crecimiento

```
handwriting.abd> learn experience 1 until average error < 0.2;
Getting ready for learning loops
Backpropagation learning mode
Building internal structures...
7720 KB allocated
Ellapsed time 810
Experience learning report:          Average   Maximum
                        error       0.819577  1.496960 (in 1354)
                        diferential 0.014942  3.008473 (in 35)
                        correction  0.000006  0.001024 (in 3)
Ellapsed time 1617
Experience learning report:          Average   Maximum
                        error       0.682551  1.268115 (in 407)
                        diferential 0.021858  3.814300 (in 1325)
                        correction  0.000008  0.001211 (in 432)
                                [...]
Ellapsed time 12210
Experience learning report:          Average   Maximum
                        error       0.199747  1.364355 (in 617)
                        diferential 0.015971  3.680953 (in 715)
                        correction  0.000003  0.000971 (in 405)
   Done: 28860 learn loops in 12210 seconds (15 experiences completed).
```

Como se ha indicado en la sentencia learn, el error medio sobre la experiencia de entrenamiento ha caído por debajo de 0.2 tras 15 repeticiones.

Es el momento de verificar el comportamiento de la red recién entrenada sobre la experiencia de validación, compuesta por las muestras de la ilustración 99. Con el objeto de compactar la salida, se establece el formato de evaluación PATTERN, como en el caso de la escritura mecánica:

```
handwriting.abd> modify context EVALUATE_FORMAT PATTERN;
   Done: Context EVALUATE_FORMAT modyfied with PATTERN.
handwriting.abd> eval experience 2;
One step evaluation mode
   Error with stimulus  1406 = 0.172775
      Output neuron  1026: 0.963686, target: 1.000000 -> OK
   Error with stimulus  1335 = 0.185435
      Output neuron  1027: 0.889042, target: 1.000000 -> OK
   Error with stimulus  1056 = 0.040173
      Output neuron  1028: 0.986992, target: 1.000000 -> OK
   Error with stimulus   436 = 0.346202
      Output neuron  1029: 0.754574, target: 1.000000 -> OK
   Error with stimulus  1613 = 0.287585
      Output neuron  1030: 0.792284, target: 1.000000 -> OK
   Error with stimulus  1634 = 0.199282
      Output neuron  1031: 0.918408, target: 1.000000 -> OK
   Error with stimulus   711 = 0.063127
      Output neuron  1032: 0.968632, target: 1.000000 -> OK
   Error with stimulus   219 = 0.081352
      Output neuron  1033: 0.942047, target: 1.000000 -> OK
   Error with stimulus  1762 = 0.052563
      Output neuron  1034: 0.959106, target: 1.000000 -> OK
   Error with stimulus   894 = 0.207979
      Output neuron  1035: 0.893367, target: 1.000000 -> OK
   Done: Evaluated 10 times (Average error: 0.163647).
```

Como se observa, todas las muestras son correctamente reconocidas.

En este momento se cumple el objetivo más importante del caso tipo presentado, aunque el tamaño de la red probablemente admite una reducción importante conservando su capacidad de generalización.

A partir de ahora se acometerán ciclos de reducción de la arquitectura hasta el límite que sea posible. Se utilizarán dos criterios para saber que se ha alcanzado este límite: que en un cierto momento no se reconozca alguna muestra de la experiencia de validación, o que en la fase de aprendizaje no se consiga hacer converger la red hasta el error medio fijado.

Comenzando por el primero de estos ciclos de reducción:

```
handwriting.abd> unmark all synapses;
   Done: All synapses unmarked.
handwriting.abd> percentile all by synaptic information 10;
Population: 21714
P 0: 0.000192
P10: 0.030556
P20: 0.044883
P30: 0.057174
P40: 0.069149
P50: 0.081562
P60: 0.094547
P70: 0.109748
P80: 0.129541
P90: 0.160987
Max: 0.404274
```

```
   Done.
handwriting.abd> mark synapses with information < 0.057174;
   Done: 6515 synapses changed to mark.
handwriting.abd> delete marked synapses;
   Done: 6515 synapses deleted.
handwriting.abd> purge neurons;
   Done: 0 internal neurons have been purged from 21 (0%).
```

En la ejecución anterior se ha averiguado el percentil 30 de la información sináptica. Esto es con el objeto de marcar y eliminar el 30% de las sinapsis que contienen menos información. Se termina con la ejecución de purge, que elimina aquellas neuronas que no tienen sinapsis de salida. En este momento no hay ninguna en esta situación.

Tras este recorte de arquitectura, se fuerza a la red a alcanzar la misma potencia de generalización con un nuevo ciclo de aprendizaje cuyo límite de error medio es igual al que había alcanzado antes de la simplificación. Antes hay que averiguar el nuevo LEARNING_RATE que es posible establecer, ya que al simplificar la red lo normal es que este límite se haya incrementado:

```
handwriting.abd> statistics;
                              [...]
   Learning Rate must be lower than: 0.000738
handwriting.abd> modify context LEARNING_RATE 0.0007;
   Done: Context LEARNING_RATE modyfied with 0.0007.
handwriting.abd> learn experience 1 until average error < 0.2;
Getting ready for learning loops
Backpropagation learning mode
Building internal structures...
6564 KB allocated
                              [...]
Ellapsed time 1786
Experience learning report:        Average   Maximum
                         error     0.193296  1.386251 (in 160)
                         diferential 0.016483  5.488794 (in 1446)
                         correction 0.000004  0.001798 (in 6)
   Done: 5772 learn loops in 1786 seconds (3 experiences completed).
```

Es el momento de ejecutar un nuevo ciclo de evaluación sobre la experiencia de validación para averiguar si la red ha resistido la simplificación:

```
handwriting.abd> eval experience 2;
One step evaluation mode
   Error with stimulus   1406 = 0.153109
      Output neuron  1026: 0.958158, target: 1.000000 -> OK
   Error with stimulus   1335 = 0.179878
      Output neuron  1027: 0.865831, target: 1.000000 -> OK
   Error with stimulus   1056 = 0.066293
      Output neuron  1028: 0.990156, target: 1.000000 -> OK
   Error with stimulus    436 = 0.339431
      Output neuron  1029: 0.756963, target: 1.000000 -> OK
   Error with stimulus   1613 = 0.055012
      Output neuron  1030: 0.970556, target: 1.000000 -> OK
   Error with stimulus   1634 = 0.056287
      Output neuron  1031: 0.966157, target: 1.000000 -> OK
   Error with stimulus    711 = 0.034741
```

```
      Output neuron   1032: 0.990240, target: 1.000000 -> OK
   Error with stimulus   219 = 0.060858
      Output neuron   1033: 0.961703, target: 1.000000 -> OK
   Error with stimulus   1762 = 0.052538
      Output neuron   1034: 0.955364, target: 1.000000 -> OK
   Error with stimulus   894 = 0.146369
      Output neuron   1035: 0.890985, target: 1.000000 -> OK
   Done: Evaluated 10 times (Average error: 0.114452).
```

La conclusión es que la red ha conservado su capacidad de reconocimiento sobre las muestras de validación.

Los tres últimos segmentos de sentencias expuestos, que se podrían llamar de simplificación, reaprendizaje y evaluación de la red, se pueden repetir hasta que la red deje de reconocer o sea incapaz de converger con con un error medio inferior a 0.2. Para ejecutar estas repeticiones no hay más que calcular el percentil 30 de la información sináptica y el ritmo de aprendizaje en cada caso. En ciclos sucesivos los valores de estos dos parámetros son (la primera pareja se corresponde con el explicado en detalle):

Percentil 30 de la información sináptica	LEARNING_RATE
0.057174	0.0007
0.082702	0.001
0.103093	0.001
0.121240[105]	0.002
0.138338	0.0029
0.155262	0.004[106]
0.172394	0.004

La última ejecución de estos ciclos de optimización sigue conservando la capacidad de reconocer todas las muestras de validación:

```
handwriting_4.abd> eval experience 2;
One step evaluation mode
   Error with stimulus   1406 = 0.095127
      Output neuron   1026: 0.906075, target: 1.000000 -> OK
   Error with stimulus   1335 = 0.090160
      Output neuron   1027: 0.917968, target: 1.000000 -> OK
   Error with stimulus   1056 = 0.049553
      Output neuron   1028: 0.954816, target: 1.000000 -> OK
   Error with stimulus   436 = 0.252520
      Output neuron   1029: 0.879645, target: 1.000000 -> OK
   Error with stimulus   1613 = 0.484361
      Output neuron   1030: 0.920798, target: 1.000000 -> OK
   Error with stimulus   1634 = 0.054834
      Output neuron   1031: 0.993145, target: 1.000000 -> OK
   Error with stimulus   711 = 0.046659
```

---

105   En este caso el comando purge ha supuesto la eliminación de una neurona.

106   A partir de este punto no se fuerza un LEARNING_RATE inferior porque provoca inestabilidad de los ciclos de aprendizaje.

```
    Output neuron  1032: 0.982696, target: 1.000000 -> OK
  Error with stimulus   219 = 0.027090
    Output neuron  1033: 0.998984, target: 1.000000 -> OK
  Error with stimulus  1762 = 0.167755
    Output neuron  1034: 0.832488, target: 1.000000 -> OK
  Error with stimulus   894 = 0.047469
    Output neuron  1035: 0.969093, target: 1.000000 -> OK
  Done: Evaluated 10 times (Average error: 0.131553).
```

En este punto se detiene la optimización de la red. El ejecutar un nuevo recorte de sinapsis[107] supondría el dejar de reconocer el patrón 4 de la experiencia de validación.

Es interesante observar gráficamente la red optimizada en las ilustraciones 101 y 102.

Recapitulando todo el camino recorrido: se ha partido de una red correctamente entrenada con 21 neuronas internas y 21714 sinapsis y se ha llegado a otra red también correctamente entrenada con 20 neuronas internas y 1705 sinapsis. Es evidente que la reducción en el número de sinapsis ha sido muy significativa, ya que se ha sacrificado más del 92%; aunque no en número de neuronas, ya que se ha sacrificado menos del 5%.

Este caso que acaba de exponerse sí puede equiparse con una aplicación real, cosa que no admitían los dos primeros. La razón fundamental, como se ha indicado, es que en los dos primeros no está desarrollado el concepto de patrón plenamente. El primer ejemplo va orientado a verificar el comportamiento de ABBANN en cuanto a la discriminación de problemas no lineales. Mientras que el de la escritura mecánica va orientado a comprobar cómo converge el proceso de aprendizaje.

En este ejemplo sí se ha dado oportunidad a la red de generalizar las características de cada patrón, lo cual queda evidenciado por la capacidad de reconocer muestras con las que la red nunca se ha entrenado.

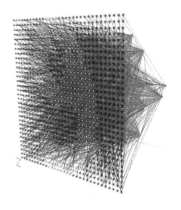
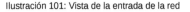
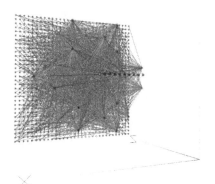

Ilustración 101: Vista de la entrada de la red   Ilustración 102: Vista de la salida de la red

---

107   Con información sináptica de percentil 30 = 0.188000 y LEARNING_RATE = 0.004.

Aún así, sigue siendo un caso meramente ilustrativo, dado que en un caso real no se le pide a una red, por muy bien entrenada que esté, que sea infalible[108]. Por otro lado el grupo de validación suele componerse de un conjunto más elevado de muestras, que pueden llegar al 20% de las de entrenamiento. La red se considera mejor cuanto más se acerque al 100% de reconocimiento correcto sobre el mismo, asumiendo que este ideal no es alcanzable.

Exportación como C++

Si la aplicación ABBANN estuviese impedida para integrar las redes generadas en otros desarrollos, quedaría como una mera herramienta de experimentación.

La solución que se ofrece para esta integración es la exportación, en forma de código C++, de la red ya entrenada. Como es lógico, esta exportación funciona únicamente en modo de evaluación.

Tomando como punto de partida el último de los casos tipo, referido al reconocimiento de escritura natural, es posible la generación indicada del siguiente modo:

```
handwriting.abd> export network as c++ to handwriting;
    Done: Files handwriting.h and handwriting.cpp created.
```

Una vez generados los archivos handwriting.h y handwriting.cpp, es posible incluir estos dentro de un proyecto más global, en el cual estos archivos son el módulo que realiza el reconocimiento de los patrones.

Es conveniente realizar alguna prueba de estos fuentes antes de hacer la integración definitiva. Mediante el archivo complementario main_test.cpp[109] se puede realizar dicha prueba. Su contenido original comienza de la siguiente manera:

```
// ---------------------------------------------------------------------------
// This is a test source you can use with the
// sources *.h and *.cpp generated by ABBANN
// Try with this before integrate these sources in your project
// The instructions are the following:
//    1) Edit this file and write at the beggining:
//       + The class name generated by ABBANN in *.h
//       + The name of the *.h between quotations marks
//       + The flag that controls whether the newline characters in input file
//            must be removed
//       + If necessary, the size of the buffer. This value must be
//            equal or higher than the size of input file
//    2) Compile together the three files:
//            *.h   (generated by ABBANN)
//            *.cpp (generated by ABBANN)
```

---

108 Habría que empezar por definir qué se entiende por *infalible*. Podría fácilmente ocurrir que una muestra que alguien considera dentro de cierto patrón comparte, realmente, más características en común con otro, en el que finalmente la red lo clasifica. En otras palabras, hay casos en que la clasificación de un caso en un patrón u otro tiene una componente subjetiva importante.

109 Junto con la aplicación ABBANN se puede descargar este fuente de prueba. Ver el anexo sobre el comando export network as c++ para más detalles.

```
//          This one
//      using: c++ -DHAVE_CONFIG_H -I. -O0 -g0 -Wall -fexceptions
//              -fno-check-new main_test.cpp <file_generated>.cpp -o main_test
//      where <file_generated> is the *.cpp generated by ABBANN
//   3) Execute ./main_test
//      The binary will ask you about the input file, you can use one input
//      file used when creating the stimulus in ABBANN.
//      The evaluation result will be written.
// -------------------------------------------------------------------------

// -------------------------------------------------------------------------
// PUT THE CLASS NAME GENERATED BY ABBANN IN THE NEXT LINE
#define ABBANN_CLASS class_name
// -------------------------------------------------------------------------
// PUT THE HEADER FILE NAME GENERATED BY ABBANN
// BETWEEN QUOTATION MARKS IN THE NEXT LINE
#define ABBANN_HEADER "header.h"
// -------------------------------------------------------------------------
// DECIDE WHETEHER THE NEWLINE CHARACTERS IN INPUT FILE MUST BE REMOVED.
// WRITE true OR false IN THE NEXT LINE
#define REMOVE_NEWLINES true
// -------------------------------------------------------------------------
// CHANGE, IF NECESSARY, THE MAXIMUM SIZE OF INPUT FILE IN THE NEXT LINE
#define MAXIMUM_BUFFER_SIZE 2047
// -------------------------------------------------------------------------
// YOU DO NOT NEED TO EDIT MORE LINES OF THIS FILE
// -------------------------------------------------------------------------
                            [...]
```

Este fichero necesita alguna modificación antes de ser utilizado:

- Sustituir el nombre de la clase generada por ABBANN, que aparece al principio del archivo *.h generado. Concretamente tras el comentario inicial donde indica class <nombre_de_clase> ...

- Sustituir el nombre del propio *.h.

- Determinar si el archivo que se va a alimentar como prueba tiene caracteres de retorno de carro que se usan como indentación del mismo, y que no son parte de la señal de entrada. En este último caso hay que indicar true, en caso contrario false.

- Establecer el tamaño máximo de archivo de entrada que se va a manejar. Este valor debe ser igual o superior al tamaño del archivo de entrada que se vaya a usar en la prueba, medido en bytes.

Aplicando estos cambios al ejemplo (en negrita los valores editados):

```
                            [...]
// -------------------------------------------------------------------------
// PUT THE CLASS NAME GENERATED BY ABBANN IN THE NEXT LINE
#define ABBANN_CLASS ann_handwriting
// -------------------------------------------------------------------------
// PUT THE HEADER FILE NAME GENERATED BY ABBANN
// BETWEEN QUOTATION MARKS IN THE NEXT LINE
```

```
#define ABBANN_HEADER "handwriting.h"
// -------------------------------------------------------------------
// DECIDE WHETEHER THE NEWLINE CHARACTERS IN INPUT FILE MUST BE REMOVED.
// WRITE true OR false IN THE NEXT LINE
#define REMOVE_NEWLINES true
// -------------------------------------------------------------------
// CHANGE, IF NECESSARY, THE MAXIMUM SIZE OF INPUT FILE IN THE NEXT LINE
#define MAXIMUM_BUFFER_SIZE 2047
// -------------------------------------------------------------------
// YOU DO NOT NEED TO EDIT MORE LINES OF THIS FILE
// -------------------------------------------------------------------
                              [...]
```

Tras la compilación pertinente se obtiene un binario ejecutable:

```
[user@localhost directory]$ c++ -DHAVE_CONFIG_H -I. -O0 -g0 -Wall -fexceptions -fno-
check-new main_test.cpp handwriting.cpp -o test
```

que, lógicamente, puede ejecutarse:

```
[user@localhost directory]$ ./test
File name: input_0436_3.dat
0 -> 0.000037
1 -> 0.004529
2 -> 0.009022
3 -> 0.879645
4 -> 0.000000
5 -> 0.218558
6 -> 0.000016
7 -> 0.000021
8 -> 0.037569
9 -> 0.000000
```

Como era de esperar, el comportamiento es equivalente al del comando evaluate que
se hubiese ejecutado en ABBANN:

```
handwriting.abd> enrich experience 3 with 436;
   Done: Experience 3 enriched with stimulus 436 and ordinal 0.
handwriting.abd> modify context EVALUATE_FORMAT VERBOSE;
   Done: Context EVALUATE_FORMAT modyfied with VERBOSE.
handwriting.abd> eval experience 3;
One step evaluation mode
   Error with stimulus    436 = 0.252520
      Output neuron  1026: 0.000037, target: 0.000000 -> difference: 0.000037
      Output neuron  1027: 0.004529, target: 0.000000 -> difference: 0.004529
      Output neuron  1028: 0.009022, target: 0.000000 -> difference: 0.009022
      Output neuron  1029: 0.879645, target: 1.000000 -> difference: -0.120355
      Output neuron  1030: 0.000000, target: 0.000000 -> difference: 0.000000
      Output neuron  1031: 0.218558, target: 0.000000 -> difference: 0.218558
      Output neuron  1032: 0.000016, target: 0.000000 -> difference: 0.000016
      Output neuron  1033: 0.000021, target: 0.000000 -> difference: 0.000021
      Output neuron  1034: 0.037569, target: 0.000000 -> difference: 0.037569
      Output neuron  1035: 0.000000, target: 0.000000 -> difference: 0.000000
   Done: Evaluated 1 time (Average error: 0.252520).
```

Si el objeto que se crea de la clase `ann_*` no se declara a nivel global, es de consideración el hacer una declaración de tipo `static`. El motivo es que el constructor de la clase conlleva algo de proceso, y este puede reducirse a una sola ejecución mediante este tipo de declaración.

La generación de código es sensible a diversas variables de contexto, tal como se explica en el anexo dedicado a la sintaxis completa del comando `export network as c++`. La más relevante es `EVALUATION_MODE`, que gobierna si la generación de código responde a una evaluación en un paso o en dos pasos.

En general, el modo de evaluación establecido en ABBANN para sus evaluaciones es el correcto para la generación de código.

Si se pretende construir una clase con un comportamiento extendido o diferente de la que genera ABBANN, la forma acertada de hacerlo es mediante el mecanismo de herencia, ya que las funciones miembro generadas son de tipo `virtual` y no hay miembros privados, de forma que pueden ser reimplementadas como sea necesario en los desarrollos.

Con este mecanismo no es necesario nunca editar los archivos generados por ABBANN, evitando las incomodidades y los riesgos de tener que incorporar una y otra vez las modificaciones manuales si estos se regeneran. En el caso de que se mejore la red en ABBANN, incorporar esta mejora a unos desarrollos se limita a regenerar los archivos `*.h` y `*.cpp` con el comando indicado y recompilar el proyecto. Si todo se hace bien, nunca hay que hacer corta/pega de fuentes.

Anexos

> Vale más saber alguna cosa de
> todo, que saberlo todo de una sola
> cosa.
>
> *Blaise Pascal.*

Sintaxis completa de ABBANN

La sintaxis de ABBANN está basada en el idioma inglés, como es la constante en cualquier lenguaje de programación.

Es un lenguaje con una estructura simple, en el cual el significado de cada sentencia suele venir determinado por la primera o dos primeras palabras por las que comienza. En lo que sigue cada párrafo viene identificado por estas primeras palabras para facilitar la búsqueda.

Las sentencias se han agrupado funcionalmente, y la ordenación dentro de cada grupo no sigue ningún criterio estricto. Dado que el lenguaje ABBANN no es muy extenso, esto no debería representar un problema. Los símbolos no terminales están desplazados al final.

En los diagramas que siguen, los elementos terminales de la sintaxis se representan en mayúscula dentro de una caja con las esquinas redondeadas, y los elementos no terminales se representan en minúscula dentro de una caja con las esquinas cuadradas.

Todas las expresiones deben terminar con punto y coma: ;.

En cuanto a las palabras reservadas, el intérprete de la herramienta es insensible a las mayúsculas y minúsculas salvo para las variables de contexto, que siempre se escriben en mayúscula.

En la siguiente página se ofrece un índice para facilitar la búsqueda.

Índice de sentencias

Control de sesión y contexto

Attach

El propósito de esta sentencia es establecer una sesión con un archivo ABBANN, que suele tener una extensión *.abd (ABbann Database).

Al arrancar la aplicación, se puede indicar como parámetro de arranque el nombre de un archivo ABBANN. En tal caso, justo después de iniciarse la aplicación se ejecuta attach sobre dicho fichero:

```
[user@localhost]$ abbann my_ann.abd
ABBANN version: 1.0
SQLite version: 3.8.4.1
Release date  : Aug 15 2016, 00:03:53
Compiling date: Aug 15 2016, 00:04:47
   Done: Attached to my_ann.abd.
my_ann.abd>
```

Caso de que la versión actual de ABBANN sea distinta al valor del contexto COMPATI-BLE_VERSION, se emitirá un aviso. En este caso, no se asegura el buen funcionamiento de la red porque puede haber incompatibilidades entre esta y la aplicación.

Contextos que afectan: COMPATIBLE_VERSION.

Ver también: dettach.

Dettach

El propósito de esta sentencia es liberar la sesión previa establecida con attach.

Ver también: attach.

Create Environment

El propósito de esta sentencia es crear un nuevo archivo ABBANN con una red vacía. Generalmente, este archivo debe tener la extensión *.abd (Abbann Database).

Estos archivos, técnicamente, son una base de datos sqlite versión 3.

Para poder ejecutar este comando, no debe existir ninguna sesión abierta.

Tras la ejecución se abre una sesión con el archivo recién creado.

Aunque la red que se crea es vacía, es decir, carece de neuronas y sinapsis, lo que sí ocurre es la asignación de valores iniciales a todas las variables de contexto. La lista completa de variables es la siguiente:

Nombre	Significado	Dominio	Valor inicial
COMPATIBLE_VER-SION	Indica la versión de la aplicación ABBANN con la que se debe abrir la red para asegurar la compatibilidad entre ambas. En condiciones normales, no debe nunca cambiarse mediante `modify context…`	Cadena de caracteres.	La versión de ABBANN en la que se ejecutó la sentencia `create environment`.
CURRENT_STIMULUS	Identificativo del estímulo que acaba de ser procesado por `evaluate` o `learn`. Se gestiona automáticamente por parte de la aplicación, y no es necesario asignarlo manualmente.	Entero. Puede no estar asignado.	(no asignado)
DEFAULT_CYLINDER	Cuando en una sentencia del tipo `create neuron` se omite el cilindro de crecimiento, las dimensiones de este se toman de esta variable.	Flotante, flotante. Ambos valores > 0.	1,1
DELTA	En algunos cálculos internos se utiliza este valor para producir pequeñas perturbaciones en algunas magnitudes. En general, nunca será necesario modificar el valor inicial.	Flotante dentro de (0,1).	0.0000001
DUMP_FILENAME	Al lanzar la sentencia `learn`, si esta variable está asignada con un nombre de fichero, vuelca los valores del informe de aprendizaje en tal fichero. El orden de volcado en cada fila del archivo es: error medio error máximo derivada media derivada máxima correccion media correccion máxima Estos campos se separan mediante tabuladores (ascii 9). Si el fichero existía anteriormente, es sobreescrito.	Cadena de caracteres. Puede no estar asignado.	(no asignado)
EVALUATE_FORMAT	Al ejecutar la sentencia `evaluate`, esta variable determina el formato en que se escribe el resultado de la evaluación.	PATTERN VERBOSE	VERBOSE

Nombre	Significado	Dominio	Valor inicial
	En el caso de PATTERN, se considera que cada neurona de salida representa un patrón, y se muestran los que son reconocidos, que tienen un valor > 0.5. Además, en caso de haber señal objetivo, si hay discrepancia entre los patrones evaluados por la red y aquellos, se indica. En caso de VERBOSE, se muestra el valor de todas las neuronas de salida y de la señal objetivo, caso de que exista. La opción PATTERN es, en general, un formato más compacto que VERBOSE.		
EVALUATION_MODE	Esta variable escoge el algoritmo que se utiliza al ejecutar el comando `evaluate` sobre una red. Con el valor ONE_STEP se pueden evaluar redes no recurrentes. En presencia de una red recurrente se produce un error. Con el valor TWO_STEPS se pueden evaluar redes tanto recurrentes como no recurrentes. Cuando cualquiera de los dos parámetros anteriores es aplicable (redes no recurrentes), en general, ONE_STEP ofrece mejor rendimiento. Con el valor AUTO, ABBANN escoge ONE_STEP en presencia de una red no recurrente y TWO_STEPS en presencia de una red recurrente. Este contexto también guía la generación de código con `export network as c++`... El código generado responde al algoritmo en un paso o en dos pasos de igual modo que el explicado para `evaluate`.	ONE_STEP TWO_STEPS AUTO	AUTO
HARDNESS	Esta es la dureza de la función de activación. Cuanto mayor es, más pronunciada es esta curva. El valor 1 equivale a no tener función de activación.	Flotante >= 1.	3

Nombre	Significado	Dominio	Valor inicial
LEARNING_MODE	Esta variable escoge el algoritmo que se utiliza al ejecutar el comando learn sobre una red. Con el valor BACKPROPAGATION se pueden entrenar redes no recurrentes. En presencia de una red recurrente se produce un error. Con el valor PERTURBATIONS se pueden entrenar redes tanto recurrentes como no recurrentes. Cuando cualquiera de los dos parámetros anteriores es aplicable (redes no recurrentes), en general, BACKPROPAGATION usa un algoritmo con mejor rendimiento. Con el valor AUTO, ABBANN escoge BACKPROPAGATION en presencia de una red no recurrente y PERTURBATIONS en presencia de una red recurrente.	BACKPROPA-GATION PERTURBA-TIONS AUTO	AUTO
LEARNING_RATE	Esta variable es el ritmo de aprendizaje. Cuanto mayor es, la red aprende más deprisa, pero aumenta el riesgo de que se desestabilice.	Flotante > 0.	0.001
LOG	Indica si la entrada y salida de la consola es volcada a un registro interno, que luego puede ser consultado con show log.	YES NO	NO
MAXIMUM_LOOPS	Máximo número de iteraciones internas que se realizan con el algoritmo de aprendizaje cuando LEARNING_MODE=PERTURBATIONS.	Entero > 0.	100
MOMENTUM_RATE	Esta variable es la inercia que se aplica a las correcciones durante los ciclos de aprendizaje. Cuanto mayor es, la red aprende más deprisa y puede superar mínimos locales en favor de otros mínimos menores, aunque también puede contribuir a desestabilizar el proceso de aprendizaje.	Flotante en [0,1].	0
NEXT_STIMULUS	Representa el siguiente estímulo que se usará en comandos learn o evaluate.	Entero, entero. El primer ente-	(no asignado)

Nombre	Significado	Dominio	Valor inicial
	Se gestiona automáticamente por parte de la aplicación, y no es necesario asignarlo manualmente.	ro identifica una experiencia. El segundo entero identifica el ordinal que el estímulo ocupa dentro de la experiencia. Puede no estar asignado.	
PROGRESS_ THRESHOLD	Indica el número de segundos que se espera tras el inicio de evaluate o learn para ver en pantalla el progreso de la operación.	Entero >= 0.	4
RANDOM_SEED	Es la semilla que en algunas operaciones se usa para generar números aleatorios. Se gestiona automáticamente por parte de la aplicación, y no es necesario asignarlo manualmente.	Entero >= 0.	1073741824
SIGNAL_FORMAT	Esta variable establece el formato que se interpreta al ingresar señales de entrada u objetivo mediante el comando create stimulus... Si tiene el valor "BYTE", cada byte del archivo se empareja con una neurona de entrada o salida, de forma que el valor que relaciona con la neurona es un valor en [0,1] según la fórmula $\dfrac{(valor\ del\ byte)}{255}$, es decir, hace corresponder el rango [0,255] del byte original con el [0,1] de los estados de las neuronas. En este modo, la precisión máxima que se puede alcanzar en el valor de cada neurona es $\dfrac{1}{255} \approx 0.004$. Si el valor de la variable no es "BYTE", cada neurona de entrada o salida adquiere o bien el valor 0 o bien el valor 1. En este caso, cada uno de los caracteres de esta cadena es interpretado en los ficheros de entrada y salida de estímulo como un valor 1. Cualquier carácter no contenido en esta cadena se inter-	BYTE Cualquier cadena de caracteres de longitud > 0.	1Xx.

Nombre	Significado	Dominio	Valor inicial
	preta como 0. En este modo los retornos de carro contenidos en el fichero son ignorados por considerarse indentaciones.		
STABILITY_THRES-HOLD	Al ejecutar el comando learn con LEARNING_MODE=PERTURBA-TIONS, este parámetro indica el grado de inestabilidad por debajo del cual se dejan de repetir iteraciones, aun cuando estas iteraciones no hayan alcanzado el límite MAXIMUM_LOOPS.	Flotante >= 0.	0
STDDEV	Cuando se generan sinapsis neutras por parte de la aplicación, los factores a y b se asignan a 0.5 aplicando sobre ellos una perturbación. Esta perturbación consiste en un número aleatorio generado según una distribución gausiana. Tal perturbación tiene una media de 0 y una desviación típica que es este parámetro.	Flotante >= 0.	0.05
STIMULUS_INPUT_ LINE_SIZE	Para el comando show stimulus o show input, este parámetro indica el número de columnas en que presentará la señal de entrada en pantalla. El valor AUTO indica que cuando se produzca la primera carga de un fichero de señal de entrada, se asignará a un valor calculado, basado en la ocurrencia del primer retorno de carro si SIGNAL_FORMAT no es BYTE, o en el fin de fichero si es BYTE.	Entero > 0. AUTO indica que se calcule automáticamente.	AUTO
STIMULUS_OUTPUT_ LINE_SIZE	Para el comando show stimulus o show output, este parámetro indica el número de columnas en que presentará la señal de salida en pantalla. El valor AUTO indica que cuando se produzca la primera carga de un fichero de señal objetivo, se asignará a un valor calculado, basado en la ocurrencia del primer retorno de carro si SIGNAL_FORMAT no es BYTE, o en el fin de fichero si es BYTE.	Entero > 0. AUTO indica que se calcule automáticamente.	AUTO

Ver también: attach y show context.

Execute

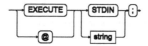

El propósito de esta sentencia es ejecutar un archivo de sentencias.

Un archivo de sentencias es un archivo ASCII que contiene sentencias de ABBANN (las explicadas en este capítulo). Estos archivos suelen tener la extensión *.abc (ABbann Commands).

El nombre del archivo se indica en la cadena de caracteres. Si esta cadena es stdin, se abre una lectura de sentencias desde la consola interactiva.

Al arrancar ABBANN, el modo de entrada de sentencias es el interactivo (stdin).

Al ejecutar una sentencia execute sobre un archivo 1.abc, comienza a leerse y a interpretarse las sentencias ABBANN contenidas en él. Si durante su lectura se encontrase otro comando execute sobre un segundo archivo 2.abc, comenzaría la lectura e interpretación de este segundo archivo. Al encontrarse en 2.abc un comando return o el fin del archivo, se retornaría a la sentencia inmediatamente siguiente al execute de 1.abc. Y al leer un return o un fin de archivo en este último se volvería a la sesión interactiva.

Como se ve, la ejecución de execute da lugar a una sucesión anidada de interpretación de ficheros, dentro de las cuales puede haber entradas interactivas (mediante execute stdin;).

Dentro de los archivos *.abc se admiten comentarios. Estos deben comenzar con los caracteres // y son del tipo hasta fin de línea, al estilo de c++.

Ver también: Return.

Return

El propósito de esta sentencia es volver al modo de entrada de sentencias anterior a la última sentencia execute.

La ejecución de return en la primera de todas las sesiones interactivas no tiene efecto alguno.

Ver también: Execute.

Show Context

El propósito de esta sentencia es mostrar el valor de una o todas las variables de contexto.

La cadena de caracteres representa el nombre de la variable de contexto a visualizar.

Las variables de contexto son utilizadas por ABBANN para gestionar algunas de sus acciones internas o el funcionamiento de algunas sentencias.

Cada variable de contexto tiene un valor asignado.

La lista de variables de contexto es fija y se crea con la sentencia create environment. Posteriormente pueden modificarse, pero no pueden crearse ni destruirse.

Ver también: Modify context y create environment (donde aparece la lista completa de variables de contexto con su significado).

Modify Context

-（MODIFY）-（CONTEXT）- string - literal -（;）-

El propósito de esta sentencia es asignar un nuevo valor a una variable de contexto.

La primera cadena indica el nombre de la variable de contexto, que siempre debe escribirse en mayúsculas; la segunda cadena indica el valor que debe tomar. Este último puede acotarse entre comillas simples para evitar que algunos caracteres de la misma sean interpretados por ABBANN como parte de la sentencia.

Ver también: show context y create environment (donde aparece la lista completa de variables de contexto con su significado).

Show Log

-（SHOW）-（LOG）-（;）-

El propósito de esta sentencia es visualizar el log de entrada y salida de ABBANN.

En el caso de que el contexto LOG valga YES, ABBANN va guardando internamente un registro de todo lo que entra por la línea de comandos o que la propia aplicación escribe como respuesta. La única excepción a este registro es la propia salida de show log.

Mediante este comando se puede visualizar este log.

Este registro se evita cuando LOG vale NO.

Como cualquier otro contexto, LOG puede reasignarse con modify context LOG YES o modify context LOG NO.

Ver también: modify context.

Quit

El propósito de esta sentencia es terminar la ejecución de ABBANN, cerrando la sesión actual si existe una abierta.

Manipulación de neuronas

Create Neuron

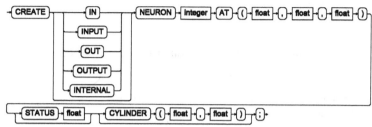

El propósito de esta sentencia es crear una neurona.

La neurona puede ser de entrada (in/input), de salida (out/output) o interna (internal). Si se omite esta categoría, la neurona que se crea es interna.

El parámetro de tipo integer, indica el identificativo de dicha neurona, por el que se la podrá referenciar a partir de ese momento.

A continuación de at se indica la posición de la neurona en el espacio tridimensional, señalando los valores X, Y y Z de dicha posición.

Posteriormente, y de forma opcional, se indica el estado, que debe ser un valor dentro del intervalo [0,1]. Si se omite, la neurona se crea en estado 0.5.

Finalmente, y también de forma opcional, se indican las dimensiones del cilindro de crecimiento, indicando primero el diámetro, y luego la altura de dicho cilindro. Si se omite, se usa la variable de contexto DEFAULT_CYLINDER para obtener estas dimensiones.

Contextos que afectan: DEFAULT_CYLINDER si se omite el cilindro de crecimiento.

Ver también: show neuron y delete neuron.

Show Neuron

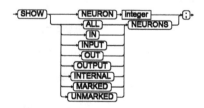

El propósito de esta sentencia es mostrar información sobre una o varias neuronas filtrando por varios criterios.

Los criterios usables son los siguientes:

- Bajo el patrón show neuron..., se muestra la siguiente información sobre la neurona indicada:

Identificativo.
Posición.
Cilindro de crecimiento.
Tipo (entrada, salida o interna).
Estado.
Tensión neural.
Marcado.
Genealogía (qué neuronas han dado lugar a esta mediante spawn).

- Bajo el patrón show all neurons se muestra una lista de todas las neuronas.

- Bajo el patrón show in/input neurons se muestra una lista de las neuronas de entrada.

- Bajo el patrón show out/output neurons se muestra una lista de las neuronas de salida.

- Bajo el patrón show internal neurons se muestra una lista de las neuronas internas.

- Bajo el patrón show marked/unmarked neurons se muestra una lista de las neuronas marcadas o desmarcadas.

Para todos los patrones, salvo el primero, la información mostrada es la siguiente:

Identificativo.
Posición.
Cilindro de crecimiento.
Tipo (entrada, salida o interna).
Estado.
Marcado.

Ver también: mark/unmark neurons.

Mark/Unmark Neurons

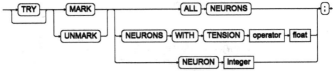

El propósito de esta sentencia es marcar o desmarcar algunas neuronas según diversos criterios.

Los criterios usables son los siguientes:

- Bajo el patrón mark/unmark all neurons se marcarán o desmarcarán todas las neuronas.

- Bajo el patrón mark/unmark neurons with tension... se marcarán o desmarcarán aquellas neuronas cuya tensión neural cumplen con el criterio indicado.

- Bajo el patrón mark/unmark neuron <n> se marcará o desmarcará la neurona cuyo identificativo n se indica.

Finalmente, se puede anteceder la partícula try con el propósito de comprobar, antes de ejecutarla realmente, el efecto que la sentencia tendría.

Delete Neuron

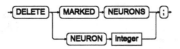

El propósito de esta sentencia es eliminar las neuronas indicadas. Junto con estas neuronas desaparecerán también todas las sinapsis que llegan o parten de ella.

Los criterios usables son los siguientes:

- Bajo el patrón delete marked neurons, se eliminarán las neuronas internas marcadas y sus sinapsis asociadas.

- Bajo el patrón delete neuron..., se eliminará la neurona indicada por el parámetro y sus sinapsis asociadas.

Ver también: Create neuron, Show neurons, Mark/unmark neurons y purge neurons.

Purge Neurons

El propósito de esta sentencia es eliminar aquellas neuronas internas que no emiten su salida a ninguna otra mediante una sinapsis.

Como consecuencia de operaciones de borrado de sinapsis, es posible que algunas neuronas internas carezcan de sinapsis de salida, con lo que su estado no puede influir de ningún modo en el estado de otras neuronas.

En estos casos es interesante tener una forma de eliminar tales neuronas y las posibles sinapsis que llegan a ella. Esta es la función de purge neurons.

La razón de que no se incluya en la función de esta sentencia aquellas neuronas que no reciben ninguna sinapsis, aunque sí tienen sinapsis de salida es que tales neuronas sí que pueden influir en la capa de salida, según los valores de los parámetros a y b de las sinapsis que parten de ellas, aunque su estado no cambie nunca. De acuerdo con esto último, la eliminación de tales neuronas sí que impactaría en el comportamiento de la red.

Ver también: Delete synapse.

Manipulación de sinapsis

Create Synapse

-(CREATE)-(SYNAPSE)-| Integer |-(,)-| Integer |-(()-| float |-(,)-| float |-())-(;)-

El propósito de esta sentencia es crear una nueva sinapsis.

En dicha sinapsis, los dos números enteros indican los identificadores de las neuronas origen y destino respectivamente. Los números flotantes entre paréntesis indican los factores a y b de la función sináptica.

Show Synapse

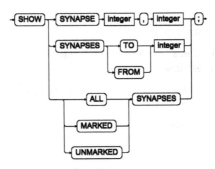

El propósito de esta sentencia es mostrar información sobre la/s sinapsis indicada/s.

Los criterios utilizables son los siguientes:

- Bajo el patrón show synapse... se muestra información relativa a la sinapsis que une las neuronas indicadas. La información es la siguiente:

  Neurona origen.
  Neurona destino.
  Factores a y b de la función sináptica.
  Información que contiene la sinapsis, medida en bits.
  Tensión sináptica (sólo si ha sufrido algún ciclo de entrenamiento).
  Marcado.

- Bajo el patrón show synapses to... se muestra un listado de sinapsis que llegan a la neurona indicada. La información mostrada es la siguiente:

  Neurona origen.
  Factores a y b de la función sináptica.

- Bajo el patrón show synapses from... se muestra un listado de sinapsis que parten de la neurona indicada. La información mostrada es la siguiente:

  Neurona destino.
  Factores a y b de la función sináptica.

- Bajo el patrón show all synapses se muestra un listado de todas las sinapsis. La información mostrada es la siguiente:

Neurona origen.
Neurona destino.
Factores a y b de la función sináptica.
Marcado.

• Bajo el patrón show marked synapses se muestra un listado de las sinapsis marcadas. La información mostrada es la siguiente:

Neurona origen.
Neurona destino.
Factores a y b de la función sináptica.

• Bajo el patrón show unmarked synapses se muestra un listado de las sinapsis desmarcadas. La información mostrada es la siguiente:

Neurona origen.
Neurona destino.
Factores a y b de la función sináptica.

Ver también: Delete synapse y Show synapse.

Mark/unmark Synapses

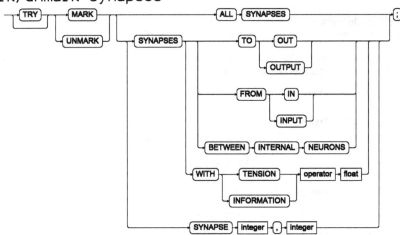

El propósito de esta sentencia es marcar o desmarcar algunas sinapsis según diversos criterios.

Los criterios utilizables son los siguientes:

• Bajo el patrón mark/unmark all synapses se marcarán o desmarcarán todas las neuronas.

• Bajo el patrón mark/unmark synapses to out/output neurons se marcarán o desmarcarán las sinapsis que tienen como destino una neurona de salida.

• Bajo el patrón mark/unmark synapses from in/input neurons se marcarán o desmarcarán las sinapsis que tienen como origen una neurona de entrada.

- Bajo el patrón `mark/unmark synapses between internal neurons` se marcarán o desmarcarán las sinapsis que tienen como origen y destino una neurona interna.

- Bajo el patrón `mark/unmark synapses with tension...` se marcarán o desmarcarán las sinapsis cuya tensión sináptica cumple la condición establecida.

- Bajo el patrón `mark/unmark synapses with information...` se marcarán o desmarcarán las sinapsis que contienen una cantidad de información que cumple la condición establecida.

- Bajo el patrón `mark/unmark synapse <origin> <destination>` se marcará o desmarcará la sinapsis que tiene por origen y destino las neuronas indicadas.

Finalmente, se puede anteceder la partícula `try` con el propósito de comprobar, antes de ejecutarla realmente, el efecto que la sentencia tendría.

Reset Tension

El propósito de esta sentencia es asignar a todas las sinapsis marcadas la tensión cero, que es la equivalente a no haber ejecutado ningún ciclo de entrenamiento.

Dado que las tensiones neurales se calculan en base a las sinápticas, las primeras se ven afectadas indirectamente por la sentencia.

Ver también: `Mark/unmark synapses`.

Delete Synapse

El propósito de esta sentencia es eliminar sinapsis.

Esta eliminación se puede basar en dos criterios:

- Bajo el patrón `delete marked synapses` se eliminarán las sinapsis marcadas.

- Bajo el patrón `delete synapse...` se elimina la sinapsis cuyas neuronas de origen y destino se nombran.

Ver también: `Create synapse`, `Show synapse` y `Mark/unmark synapses`.

Manipulación de la red

Evaluate

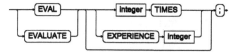

El propósito de esta sentencia es iniciar un ciclo de evaluación de la red.

Este ciclo puede conformarse de los siguientes modos:

- Bajo el patrón evaluate, se expone a la red para evaluación a un solo estímulo, que es el indicado por el contexto NEXT_STIMULUS.

- Bajo el patrón evaluate ... times, se expone a la red para evaluación durante tantos estímulos de la experiencia en curso como el número indicado, a partir del contexto NEXT_STIMULUS.

- Bajo el patrón evaluate experience ..., se expone a la red para evaluación todos los estímulos de la experiencia indicada una sola vez, empezando desde el primero, sea cual sea el valor de NEXT_STIMULUS.

El ciclo de evaluación puede realizarse según dos algoritmos, que dependen del contexto EVALUATION_MODE. Si esta variable es ONE_STEP, se ejecuta el algoritmo de evaluación en un paso, si es TWO_STEPS, se ejecuta el algoritmo de evaluación en 2xn pasos. Si es AUTO, se ejecuta la evaluación en un paso cuando la red es no recurrente y la evaluación en 2xn pasos si es recurrente.

La salida por pantalla de la sentencia está gobernada por EVALUATE_FORMAT. Si esta variable es VERBOSE, se muestran los valores de todas las neuronas de salida. Si el valor es PATTERN, se muestran únicamente las neuronas de salida que superan el umbral 0.5, en este último caso, si existe señal objetivo, se indica su coincidencia con el resultado de la evaluación.

Contextos que afectan: En cualquiera de los casos, EVALUATION_MODE, EVALUATE_FORMAT, HARDNESS y PROGRESS_THRESHOLD. Sólo cuando el modo de evaluación es en dos pasos, STABILITY_THRESHOLD y MAXIMUM_LOOPS.

Ver también: Learn.

Export

El propósito de esta sentencia es volcar la red a archivos externos en otros formatos.

Los formatos externos a los que puede ser volcada son los siguientes:

- Bajo el patrón export network as C++..., se generan dos archivos, uno *.cpp y otro *.h, que son utilizables para integrar la ejecución de la red en modo evaluación dentro de un programa c++.

- Bajo el patrón export network as html5..., se genera un archivo *.htm. Este archivo, acompañado en el mismo directorio de OrbitControls.js y Three.js, puede ser cargado en un navegador web que soporte html5[110] para visualizar la red de forma interactiva.

Para la primera opción, el código c++ generado en el archivo *.cpp implementa el algoritmo de evaluación en un paso o en dos pasos en función del valor del contexto EVALUATION_MODE, que se interpreta de una forma similar al comando evaluate, es decir, con el valor ONE_STEP se genera un fuente que evalúa la red en un solo paso, con el valor TWO_STEPS se genera un fuente que evalúa la red en 2xn pasos, y con el valor AUTO se comporta en modo ONE_STEP si la red no es recurrente, y en modo TWO_STEPS si es recurrente.

Los fuentes generados ofrecen una clase c++ cuyo nombre es ann_<cadena>, donde <cadena> es el último parámetro que se pasa en la sentencia.

La declaración de esta clase consiste en cuatro tipos internos y cuatro funciones miembro con los siguientes significados:

- Tipo t_neuron_status: Es el tipo del estado interno de las neuronas.

- Tipo t_input: Es un tipo array amoldado a los estados de las neuronas de entrada.

- Tipo t_output: Es un tipo array amoldado a los estados de las neuronas de salida.

- Tipo t_input_uchar: Es un tipo cadena de caracteres utilizable para representar el estado de cada neurona de entrada en un byte, de una forma en que se verá más adelante. Su tamaño es el de t_input + 1, para poder albergar el fin de cadena de caracteres si contiene una cadena imprimible, que no siempre será el caso.

- Función ann_<cadena>: Es el constructor sin parámetros de la clase.

- Función evaluate (t_input,t_output*): Al llamar a esta función, se aporta la señal de entrada en el primer parámetro, en forma de lista de estados de neuronas de entrada, y la función devuelve a partir de las posiciones apuntadas en el segundo parámetro la lista de valores de neuronas de salida tras evaluar la red.

- Función evaluate (t_input_uchar,t_output*): Esta función es parecida a la anterior. El primer parámetro indica también los valores de entrada a la red, pero interpretando cada byte como el valor que debe adquirir cada una de las neuronas de entrada; la interpretación se basa en el valor que tenía la variable SIGNAL_FORMAT al generar los fuentes. Por lo demás, devuelve en el segundo parámetro la respuesta de la red tras su evaluación, como en la

---

110   No todas las versiones de los navegadores que soportan html5 presentan el mismo grado de compatibilidad con la renderización 3D en tiempo real, requerida para el correcto funcionamiento de esta visualización.

función anterior.

- Función ~ann_<cadena>: Es el destructor de la clase.

Para una primera prueba de estos fuentes generados, se ofrece en el mismo repositorio de descarga de la aplicación ABBANN (ver anexo sobre descarga, instalación y arranque) un archivo main_test.cpp que con una ligera edición ejecuta una prueba de los mismos.

Hay un capítulo dedicado a partir de la página 132 a explicar cómo usar estos fuentes.

En cuanto a la segunda opción, la interpretación de la red visualizada como html5 responde a las siguientes convenciones:

- Las neuronas de entrada son verdes, las de salida rojas y las internas azules.

- La intensidad de color de cada neurona se corresponde con su nivel de excitación: más claras las excitadas, y más oscuras las no excitadas.

- Las sinapsis se pintan mediante una línea con un degradado de color. El origen de la sinapsis siempre es gris. El destino de la sinapsis es rojo si en la sinapsis b>a, azul si b<a y gris si a=b.

- La intensidad de gris del origen de la sinapsis es proporcional al nivel de excitación de la neurona origen. La intensidad de color del destino es proporcional al nivel de excitación de la neurona destino.

Las opciones de interactividad en la visualización html5 responde a los siguientes controles:

- Botón izquierdo + desplazamiento del ratón: rotación de la red.

- Botón derecho + desplazamiento del ratón: desplazamiento de la red.

- Rueda central: alejamiento y acercamiento de la red.

Contextos que afectan: Para exportación en C++, EVALUATION_MODE y SIGNAL_FORMAT.

Ver también: Attach.

Create Network

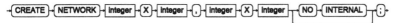

El propósito de esta sentencia es crear una red primitiva.

Para ejecutarla es necesario que no exista previamente ninguna neurona creada.

Se ejecuta generalmente tras create environment. Después de crear un archivo ABBANN, que no contiene ninguna neurona, se puede usar esta sentencia para crear una red inicial.

En ausencia del modificador no internal, la red consiste en:

- Una malla de neuronas de entrada, cuyas dimensiones son los dos primeros parámetros enteros de la sentencia.

- Una malla de neuronas de salida, cuyas dimensiones son el tercer y cuarto parámetro entero de la sentencia.

- Una única neurona interna, situada entre las dos mallas anteriores.

- Un conjunto de sinapsis que une la malla de entrada (origen) con la neurona interna (destino).

- Un conjunto de sinapsis que une la neurona interna (origen) con la malla de salida (destino).

Con el modificador no internal, la red consiste en:

- Una malla de neuronas de entrada, cuyas dimensiones son los dos primeros parámetros enteros de la sentencia.

- Una malla de neuronas de salida, cuyas dimensiones son el tercer y cuarto parámetro entero de la sentencia.

- Un conjunto de sinapsis que une cada neurona de la malla de entrada (origen) con cada una de las neuronas de la malla de salida (destino).

Las sinapsis creadas por este comando son neutras, alteradas en sus factores a y b por un valor aleatorio cuya media es 0 y cuya desviación estándar viene indicada en el contexto STDDEV.

Contextos que afectan: STDDEV.

Ver también: Create environment.

Feedback

El propósito de esta sentencia es crear una sinapsis recurrente para cada neurona interna marcada.

Esta sinapsis tiene como origen y destino la misma neurona. Su factor a es 1 y su factor b es 0 (sinapsis inversa).

Ver también: Mark/unmark neurons.

Spawn

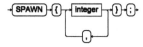

Esta sentencia tiene el propósito de aplicar a la red el plan de crecimiento indicado entre llaves.

El plan de crecimiento se aplica a cada neurona según los siguientes criterios[111]:

---

111   Para entender estos criterios es necesario conocer lo indicado a partir de la página 62

- Para las neuronas internas marcadas, el plan se aplica tal como aparece en la sentencia.

- Para las neuronas internas no marcas, se aplica un plan de crecimiento simplificado, que conserva la cardinalidad del original, pero que asigna todas las dispersiones a 1. Por ejemplo, un plan de crecimieto {3,4,5} da lugar a un plan simplificado {1,1,1} .

- Para las neuronas de entrada y salida, se aplica un desplazamiento que estrecha los límites a lo largo del eje Z de la red.

El marcado de las neuronas sobre las que se aplica este crecimiento se conserva en sus descendientes. Es decir, si la neurona original está marcada, este marcado se propaga a las nuevas neuronas que surgen de la primera.

Por el contrario, el marcado de las sinapsis originales no se propaga a las nuevas.

Sobre casi todas las sinapsis que se crean nuevas en la red se suma a sus factores a y b un valor aleatorio de distribución gausiana cuya media es 0 y cuya desviación estándar es la indicada por STDDEV.

Contextos que afectan: STDDEV.

Ver también: Create environment y mark/unmark neurons.

Learn

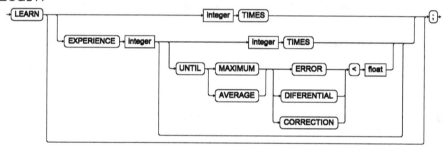

El propósito de esta sentencia es ejecutar ciclos de aprendizaje de la red.

Estos ciclos pueden conformarse de los siguientes modos:

- Bajo el patrón learn, se expone a la red para aprendizaje el siguiente estímulo preparado, que es el indicado por el contexto NEXT_STIMULUS.

- Bajo el patrón learn … times, se expone a la red para aprendizaje a tantos estímulos como indica el parámetro, a partir del siguiente estímulo preparado, que es el indicado por el contexto NEXT_STIMULUS.

- Bajo el patrón learn experience … times, se expone a la red en modo aprendizaje a todos los estímulos de la experiencia indicada el número de veces indicado, empezando desde el primero, sea cual sea el valor de NEXT_STIMULUS.

---

sobre el algoritmo de crecimiento.

- Bajo el patrón `learn experience until` ..., se expone a la red en modo aprendizaje a todos los estímulos de la experiencia indicada el número de veces necesario hasta que se cumple el criterio indicado, empezando desde el primero, sea cual sea el valor de `NEXT_STIMULUS`.

El ciclo de aprendizaje puede realizarse según varios algoritmos, que dependen del contexto `LEARNING_MODE`. Esta variable es BACKPROPAGATION, el algoritmo de aprendizaje es el de retropropagación, válido para redes no recurrentes. Si la variable es PERTURBATIONS, el algoritmo es el de perturbaciones. Si la variable es AUTO, se aplica el algoritmo de perturbaciones si la red es recurrente y el de retropropagación en caso contrario.

Si el contexto `DUMP_FILENAME` está asignado, las métricas que componen el informe de aprendizaje son volcadas al archivo cuyo nombre es el indicado por la variable.

La ejecución completa de esta sentencia puede llevar un tiempo considerable, que depende del tamaño de la red y del número de ciclos de aprendizaje que se ejecuten, esto equivale a decir que depende de la condición de terminación. Durante esta ejecución se puede interrumpir el proceso mediante Ctrl-C. Si se produce esta interrupción, la red queda modificada en la medida de los ciclos de aprendizaje ejecutados hasta ese momento.

Contextos que afectan: En cualquiera de los casos, `LEARNING_MODE`, `DELTA`, `LEARNING_RATE`, `MOMENTUM_RATE`, `HARDNESS`, `PROGRESS_THRESHOLD` y `DUMP_FILENAME`. Sólo cuando el modo de aprendizaje es por perturbaciones, `STABILITY_THRESHOLD` y `MAXIMUM_LOOPS`.

Ver también: `Evaluate`.

Connect

El propósito de esta sentencia es conectar mediante sinapsis neutras todas las neuronas internas marcadas con su vecinas.

Dos neuronas son vecina cuando la distancia euclídea entre ellas es igual o inferior al valor indicado.

Esta sentencia no elimina sinapsis previamente establecidas.

Sólo se establecerán sinapsis cuyo origen corresponda a una neurona con una ubicación cuya componente Z sea mayor que la neurona destino, esto equivale a decir que no implementa nunca recurrencias.

El tipo de sinapsis que se crean son neutras, a estas se añade en sus factores a y b un valor aleatorio generado según una distribución gausiana de media 0 y de desviación típica la indicada por `STDDEV`.

Contextos que afectan: `STDDEV`.

Ver también: `Disconnect` y `Feedback`.

Disconnect

El propósito de esta sentencia es eliminar aquellas sinapsis cuya neurona de origen o destino está marcada.

Ver también: Connect y Mark/unmark neurons.

Show Backward

El propósito de esta sentencia es mostrar todos los caminos directos o indirectos que unen a la neurona indicada con otras que son sus orígenes.

Se muestra de forma jerarquizada los orígenes de la neurona indicada, así como los orígenes de estas, y así recursivamente hasta llegar a neuronas que no tienen a otras como origen, que probablemente serán neuronas de entrada.

Ver también: Show forward.

Show Forward

El propósito de esta sentencia es mostrar todos los caminos directos o indirectos que unen a la neurona indicada con otras que son sus destinos.

Se muestra de forma jerarquizada los destinos de la neurona indicada, así como los destinos de estas, y así recursivamente hasta llegar a neuronas que no tienen a otras como destino, que probablemente serán neuronas de salida.

Ver también: Show backward.

Estímulos y experiencias

Create Stimulus

El propósito de esta sentencia es crear un estímulo a partir de los archivos indicados.

Al estímulo que se crea se le asigna el identificativo indicado.

Este estímulo siempre debe constar de una señal de entrada, que se crea a partir de un archivo, cuyo nombre es la cadena que debe pasarse obligatoriamente[112].

El estímulo puede constar opcionalmente de una señal de salida deseada, indicado en el parámetro final.

---

112 En la versión 1.0 de ABBANN no se puede indicar directorio como parte del nombre del archivo, con lo que estos deben estar en el mismo directorio en que se arranca la aplicación.

Una vez que el estímulo es creado, los archivos originales no son requeridos por ABBANN, ya que sus contenidos quedan cargados en la base datos.

La forma en que los archivos son interpretados es byte a byte, de modo que cada uno de estos se empareja con el estado de una neurona de entrada o salida. Este emparejamiento se establece según el orden de los bytes del fichero y según el orden de los identificativos de las neuronas.

Por esta razón, la longitud de los archivos debe ser consistente con el número de estas neuronas: los archivos de entrada deben tener un número de caracteres igual al número de neuronas de entrada, y los archivos de salida objetivo deben tenerlo igual al de neuronas de salida, con la única salvedad de los retornos de carro, como se verá a continuación.

El valor al que se traduce cada carácter de estos archivos en forma de valores de excitación de neuronas depende del contexto SIGNAL_FORMAT, según lo siguiente:

- Si el valor es BYTE, cada byte del archivo se aplica a cada neurona según la fórmula $\dfrac{\text{valor entero sin signo del byte}}{255}$. Dado que el valor entero del byte oscila entre 0 y 255, el resultado final lo hace entre 0 y 1.

- Si el valor es otro, cada uno de los bytes del contexto se considera un carácter. Cualquiera de estos caracteres en el fichero de entrada se considerará como 1, y cualquier otro como 0.

Los estímulos que se crean con salida deseada son usables para aprendizaje y para evaluación. Los que carecen de salida deseada sólo pueden usarse para ciclos de evaluación, ya que no es posible calcular para ellos la señal de error a que dan lugar en los ciclos de aprendizaje.

Contextos que afectan: SIGNAL_FORMAT.

Ver también: Enrich experience.

Show Stimulus

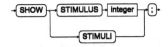

El propósito de esta sentencia es mostrar información sobre los estímulos indicados.

Esta consulta puede seguir los siguientes criterios:

- Bajo el patrón show stimulus..., se muestra información sobre el estímulo indicado, tanto en su parte de entrada como de salida, si esta existe. La información mostrada es la siguiente:

   Identificativo.
   Nombre del archivo del que se leyó la señal de entrada.
   Nombre del archivo del que se leyó la señal de salida objetivo.
   Contenido de la señal de entrada.
   Contenido de la señal de salida objetivo.

En cuanto al contenido de las señales, se muestra con un número de columnas de caracteres indicado por INPUT⎽LINE⎽SIZE y OUTPUT⎽LINE⎽SIZE. Estas variables son importantes cuando las señales, sobre todo las de entrada, son imágenes primitivas, que sólo se mostrarán de forma reconocible cuando el encolumnado es el correcto.

- Bajo el patrón show stimuli, se muestra un listado de todos los estímulos registrados con la siguiente información:

  Identificativo.
  Nombre del archivo del que se leyó la señal de entrada.
  Nombre del archivo del que se leyó la señal de salida objetivo.

La información que se muestra en cualquiera de las opciones tiene que ver con los estímulos creados con create stimulus, y en ningún caso se recurre a los archivos originalmente cargados, sino a la información almacenada en la base de datos.

Contextos que afectan: INPUT⎽LINE⎽SIZE y OUTPUT⎽LINE⎽SIZE.

Ver también: Show experience.

Delete Stimulus

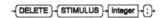

El propósito de esta sentencia es eliminar el estímulo indicado.

Este borrado afecta estrictamente al repositorio interno de ABBANN, y no a los ficheros originales de los que procede.

El estímulo no debe estar contenido en ninguna experiencia, en caso contrario se producirá un error.

Si el estímulo es el indicado por CURRENT⎽STIMULUS, este contexto se desasignará.

Contextos que afectan: CURRENT⎽STIMULUS.

Ver también: Create stimulus.

Enrich Experience

El propósito de esta sentencia es añadir un estímulo a una experiencia.

Una vez creado un estímulo, este puede añadirse a las experiencias que se necesite, actuando estas como secuenciadores de estímulos.

Dentro de cada experiencia, a cada estímulo se le asigna un ordinal, que no se indica en esta sentencia, ya que se calcula por el orden en que ingresan dentro de la experiencia. El primer ordinal de estímulo dentro de una experiencia es el 0.

No existe el concepto de experiencia vacía, con lo que la primera asignación de un estímulo a una experiencia puede considerarse la creación de la misma.

Ver también: Create stimulus.

Show Experience

El propósito de esta sentencia es mostrar información sobre las experiencias indicadas.

Esta consulta puede seguir los siguientes criterios:

- Bajo el patrón show experience..., se muestra información sobre la experiencia indicada con los siguientes detalles:

   Ordinal del estímulo.
   Identificativo del estímulo.
   Nombre del archivo del que fue tomada la señal de entrada.
   Nombre del archivo del que fue tomada la señal de salida objetivo.

- Bajo el patrón show experiences, se muestra un listado de experiencias con la siguiente información:

   Identificativo de la experiencia.
   Número de estímulos que contiene.

Ver también: Enrich experience.

Prepare Experience

El propósito de esta sentencia es indicar el punto de comienzo, en términos de experiencia y estímulo dentro de ella, que tomarán las sentencias evaluate o learn.

Esta sentencia asigna el valor del contexto NEXT_STIMULUS según lo siguiente:

- Bajo el patrón prepare experience <experience>, <stimulus>, asigna NEXT_STIMULUS a la experiencia y ordinal de estímulo indicados.

- Bajo el patrón prepare experience <experience>, asigna NEXT_STIMULUS a la experiencia indicada y al ordinal de estímulo 0, es decir, se asigna al principio de la experiencia.

Contextos que afectan: NEXT_STIMULUS.

Ver también: Show Prepared, Evaluate y Learn.

Show Prepared

El propósito de esta sentencia es mostrar el estímulo actualmente preparado según el contexto NEXT_STIMULUS.

Contextos que afectan: NEXT_STIMULUS.

Ver también: Prepare Experience.

Rewind

-(REWIND)-(;)-

El propósito de esta sentencia es reasignar a 0 el ordinal de estímulo en NEXT_STIMU-LUS, conservando el número de experiencia. Es decir sitúa el siguiente estímulo a procesar por evaluate o learn al principio de la experiencia actual.

Contextos que afectan: NEXT_STIMULUS.

Ver también: Prepare Experience.

Delete Experience

-(DELETE)-(EXPERIENCE)-(Integer)-(;)-

El propósito de esta sentencia es eliminar una experiencia.

Esta eliminación se traduce en el borrado de todas las relaciones de la experiencia con sus estímulos.

Los estímulos no son eliminados ni modificados por esta acción.

En el caso de que NEXT_STIMULUS esté referido a la experiencia que se elimina, se desasigna este contexto.

Contexto que afectan: NEXT_STIMULUS.

Ver también: Enrich experience.

Show Input

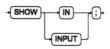

El propósito de esta sentencia es mostrar el estado de excitación actual de las neuronas de entrada.

Este estado se presenta con un encolumnado cuyo ancho es el valor del contexto IN-PUT_LINE_SIZE.

Contextos que afectan: INPUT_LINE_SIZE.

Ver también: Show output, Evaluate, Learn.

Show Output

El propósito de esta sentencia es mostrar el estado de excitación actual de las neuronas de salida.

Este estado se presenta con un encolumnado cuyo ancho es el valor del contexto OU-TPUT_LINE_SIZE.

Contextos que afectan: OUTPUT_LINE_SIZE.

Ver también: Show input, Evaluate, Learn.

Estadísticas

Percentile

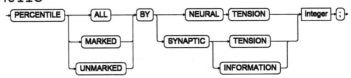

El propósito de esta sentencia es mostrar la distribución de valores por percentiles de diversas magnitudes.

Esta sentencia selecciona un conjunto de datos, los ordena y presenta la distribución de esta ordenación en tantos percentiles como indica el último parámetro. Antepone la población sobre la que se calcula esta distribución, y añade al final el valor máximo de las muestras.

Los datos que se quiere distribuir en percentiles puede ser la tensión neural, la tensión sináptica o la cantidad de información de las sinapsis.

Cada una de la magnitudes anteriores puede ser tomada de todas las neuronas o sinapsis, de las marcadas o de las no marcadas, según la forma que tome la sentencia.

A título de recordatorio: el percentil P_x, donde x es un entero dentro de $[0,99]$, es aquel valor por debajo del cual se acumula el $x\%$ del número de muestras.

Ver también: Mark/unmark Neurons, Mark/unmark Synapses.

Statistics

El propósito de esta sentencia es mostrar diferentes estadísticas sobre la red.

Esta estadística tiene tres partes:

La primera parte muestra los siguientes datos sobre las neuronas:

Leyenda	Significado
Distribution along Z axe	Indica si los diferentes tipos de neuronas cumplen la regla de que las neuronas internas tengan una coordenada Z superior a cualquier neurona interna, y que cualquier neurona interna tenga una coordenada Z superior a cualquier neurona de salida. ABBANN necesita que esta regla se cumpla para ejecutar algunos algoritmos que modifican la topología de la red.
Input neurons	Número de neuronas de entrada.

Leyenda	Significado
Output neurons	Número de neuronas de salida.
Internal neurons	Número de neuronas internas.
All neurons	Número total de neuronas.
Total excitation	Sumatorio de estados de excitación de todas las neuronas.
Average excitation	Promedio de estados de excitación de las neuronas.
Standard deviation excitation	Desviación estándar de los estados de excitación de las neuronas.
Minimum tension	Tensión neural mínima.
Maximum tension	Tensión neural máxima.
Average tension	Promedio de la tension neural.

La segunda parte muestra los siguientes datos sobre las sinapsis:

Leyenda	Significado
Recursive net	Indica si la arquitectura de la red es recursiva o no.
All synapses	Número total de sinapsis.
Average informa-tion per synapsis	Información promedio que contiene cada sinapsis, medida en bits.
Std dev information per synapsis	Desviación estándar de la información que contiene cada sinapsis, medida en bits.
Total information	Información total que contiene la red, medida en bits.
Minimum tension	Tensión sináptica mínima.
Maximum tension	Tensión sináptica máxima.
Average tension	Promedio de tensión sináptica.

La tercera parte, marcada con *LEARNING RATE HINT*, muestra datos relativos a la tasa de aprendizaje ideal:

Leyenda	Significado
Maximum inputs of a neuron	Número de sinapsis máximas que llegan a una neurona.
Learning Rate must be lower than	En base al valor anterior, este indica una cota superior del valor que debe tomar la variable de contexto LEARNING_RATE para evitar inestabilidades durante el proceso de aprendizaje.

Show Marks

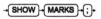

El propósito de esta sentencia es mostrar un resumen sobre el número de neuronas y sinapsis marcadas.

Ver también: Mark/unmark Neurons, Mark/unmark Synapses.

Símbolos no terminales

A lo largo de los diagramas anteriores se han utilizado una serie de expresiones que tienen su propia sintaxis. Estas se presentan a continuación.

Float

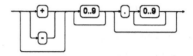

Números en coma flotante.

Pueden ser con o sin signo, y venir acompañados o no de parte decimal.

Integer

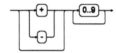

Números enteros.

Pueden ser con o sin signo.

String

Cadenas de caracteres.

Las cadenas se usan generalmente como nombres de archivos de señales de entrada, nombres de archivos de señal objetivo y valores de contexto.

Operator

Operadores.

Los operadores se usan para establecer condiciones en sentencias de marcado de neuronas o sinapsis.

Aspectos técnicos

Arquitectura

Desde el punto de vista de la arquitectura, el funcionamiento de ABBANN queda sintetizado en la ilustración 103.

Atendiendo a esta arquitectura, la aplicación ABBANN se integra con la librería sqlite3, que es a su vez la que interactúa con el fichero dentro del cual se ubica la base de datos que contiene la red. Este fichero suele tener extensión *.abd.

Las operaciones que se realizan sobre esta base de datos vienen dictadas por sentencias que pueden ingresar manualmente desde la entrada estándar, o bien a partir de un archivo de sentencias. Este último suele tener extensión *.abc.

De forma muy simplificada, se puede decir que ABBANN es un traductor de sentencias a SQL.

Opcionalmente la red puede exportarse en formato html5 o como fuente C++.

En caso de exportarse como html5 es posible visualizarla con un navegador compatible con esta sintaxis, siempre que estén presentes los archivos Three.js y OrbitControls.js.

En el caso de exportarse como fuente C++, puede compilarse en combinación con otros archivos fuente para dar lugar a una aplicación ejecutable. Junto con ABBANN

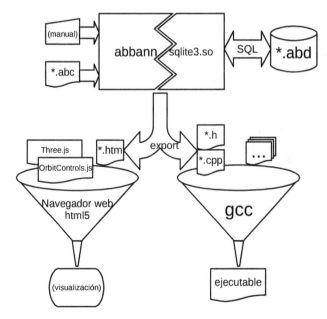

Ilustración 103: Arquitectura de ABBANN

se proporciona un fuente de prueba `main_test.cpp` para realizar una prueba de los fuentes generados, como queda explicado en la página 132 y siguientes.

Descarga, instalación y arranque

La aplicación ABBANN junto con otros componentes y detalles sobre la instalación puede obtenerse en la página web https://sites.google.com/site/abbannproject/.

ABBANN ha sido desarrollado en una plataforma Linux Fedora, aunque no debería haber problema para hacerla funcionar en otra plataforma Linux.

Para hacer funcionar ABBANN basta con descargar de la página web indicada dos archivos[113]:

- `abbann100_sqlite3080401.zip`.

- `install_abbann100_sqlite3080401.bsh`.

`abbann100_sqlite3080401.zip` contiene los siguientes elementos:

- Los fuentes C++ de ABBANN, que una vez compilados dan lugar al ejecutable `abbann` (alrededor de 370 KB).

- Los fuentes de SQLite versión 3.08.04.01, que es la verificada para ABBANN 1.0. Una vez compilados estos fuentes dan lugar a la librería `sqlite3.so` (alrededor de 820 KB). Esta librería es utilizada por el ejecutable `abbann` para gestionar los ficheros que contienen las redes neuronales, y es esencial para el funcionamiento de dicho ejecutable.

- Los ficheros `Three.js` y `OrbitControls.js`. Estos archivos son necesarios para las visualizaciones en html5 de las redes neuronales. No son esenciales para el funcionamiento de la aplicación, pero se necesitarán cuando se quiera visualizar gráficamente la red. Estos archivos se pueden conseguir fácilmente en Internet, aunque existen múltiples versiones, y algunas funcionan mejor que otras. Los contenidos en este paquete garantizan su funcionamiento para los propósitos de la aplicación.

- El fichero `main_test.cpp`, que permite generar un programa de prueba tal como se indica en la página 132 y siguientes. No es necesario para la ejecución de ABBANN, pero es muy conveniente para probar la exportación de una red como código c++.

`install_abbann100_sqlite3080401.bsh` es el instalador que compila e instala los elementos contenidos en el paquete anterior.

Tras la instalación, uno de los componentes que cobra gran importancia es `abbann_env.bsh`. Este debe ejecutarse previamente en cualquier sesión en la que se pretenda ejecutar `abbann`.

---

113 El texto está referido a la versión 1.0 de ABBANN.

Créditos

Internet ofrece hoy en día tal cantidad de recursos para profundizar en cualquier área del saber, que el único límite es la dedicación y esfuerzo que se está dispuesto a aplicar.

Sería imposible averiguar el sinfín de personas en cuyo trabajo me he apoyado. Y me siento profundamente agradecido de haber tenido acceso a todo estos recursos prácticamente a cambio de nada.

Lo que sigue es una selección necesariamente breve de estos recursos y personas.

Todas las ilustraciones son originales del autor, excepto las siguientes:

- La cubierta delantera está basada en una fotografía de Gerd Altmann.

- La ilustración 1 está tomada de http://es.wikipedia.org, tomada a su vez de "Santiago Ramón y Cajal (1899) *Estudio Comparativo de las Áreas Sensoriales de la Corteza Humana*".

- La ilustración 5 está tomada de http://es.wikipedia.org, tomada y modificada a su vez de "Henry Gray (1918) *Anatomy of the Human Body*".

A lo largo de la construcción de este texto y de la aplicación ABBANN, se han usado las siguientes herramientas y recursos:

- LibreOffice. Especialmente writer, que incluye su excelente editor de expresiones matemáticas. También se han utilizado draw y calc. La web oficial es https://es.libreoffice.org/.

- The Gimp. Esta es una aplicación de tratamiento de imágenes con la que se han procesado algunas ilustraciones del texto y se ha maquetado la cubierta. La web oficial es http://www.gimp.org/.

- BIMP. Este es un añadido a The Gimp que permite hacer manipulaciones masivas de ficheros de imágenes. Ha sido utilizada para mejorar el aspecto de los diagramas de sintáxis. Es original de Alessandro Francesconi y su web oficial es http://www.alessandrofrancesconi.it/projects/bimp/.

- Maxima y wxMaxima. Muchos de los desarrollos matemáticos han sido realizados con ayuda de estos paquetes, además de la generación de las gráficas en 2D y 3D de algunas funciones. La web oficial es http://maxima.sourceforge.net/.

- WolframAlpha. Este es un evaluador de expresiones accesible en http://www.wolframalpha.com/. Se ha usado como ayuda para calcular analíticamente algunas expresiones matemáticas.

- eMathHelp. Accesible en http://www.emathhelp.net/calculators/calculus-2/definite-integral-calculator/. Se usó para calcular la integral definida necesaria para obtener la cantidad de información que contiene una sinapsis.

- EBNF Visualizer. Los diagramas de sintaxis de ABBANN han sido generados con esta herramienta, original de Markus Dopler. Su web oficial es https://sourceforge.net/projects/ebnfvisualizer/.

- La aplicación ha sido construida bajo Fedora a lo largo de múltiples versiones. En todas ellas se ha usado el compilador de C++ gcc. El analizador léxico se ha construido con Flex, y el sintáctico con Bison.

- Un componente esencial de la aplicación es la librería SQLite, que permite interactuar en SQL con el archivo que contiene la información sobre la red. La web oficial de SQLite es https://sqlite.org.

- La fórmula que expresa la distribución perimetral de las neuronas a lo largo de una circunferencia, que se aplica en el algoritmo de crecimiento, ha sido tomada de Duke en https://mx.answers.yahoo.com/question/index?qid=20071229065450AAHMOpC.

- La tipografía *SVI Basic Manual*, utilizada para los listados de pantalla y las sentencias es original de Johan Winge.

- Las muestras para el reconocimiento de escritura natural para el tercer caso tipo han sido tomadas de E. Alpaydin, C. Kaynak (1998). UCI Machine Learning Repository [http://archive.ics.uci.edu/ml]. Department of Computer Engineering. Bogazici University.

- El fuente JavaScript Three.js se debe a mrdoob (http://mrdoob.com/), Larry Battle (http://bateru.com/news) y bhouston (http://exocortex.com).

- El fuente JavaScript OrbitControls.js se debe a qiao (https://github.com/qiao), mrdoob (http://mrdoob.com), alteredq (http://alteredqualia.com), WestLangley (http://github.com/WestLangley) y erich666 (http://erichaines.com).

Bibliografía

Kandel, Schwartz and Jessell 2000: Eric R. Kandel, James H. Schwartz and Thomas M. Jessell, Principles of Neural Science, 2000

Jastrow 1981: Robert Jastrow, The Enchanted Loom, 1981

Acarín 2001: Nolasc Acarín, El Cerebro del Rey, 2001

Penrose 1994: Roger Penrose, Shadows of the Mind, 1994

Laplace 1820: Pierre Simon Laplace, Théorie Analytique des Probabilités, 1820

Nielsen and Chuang 2010: Michael A. Nielsen and Isaac L. Chuang, Quantum Computation and Quantum Information, 2010

Turing 1936: Alan Turing, On Computable Numbers, with an Application to the Entscheidungsproblem, 1936

Dennett 1991: Daniel Dennett, Consciousness Explained, 1991

Damasio 1994: Antonio R. Damasio, Descartes' Error, 1994

Downes 2012: Stephen Downes, Essays on Meaning and Learning Networks, 2012

Dawkins 1982: Richard Dawkins, The Extended Phenotype, 1982

McCulloch and Pitts 1943: Warren S. McCulloch and Walter Pitts, A Logical Calculus of the Ideas Immanent in Nervous Activity, 1943

Hebb 1949: Donald O. Hebb, The Organization of Behavior, 1949

Rosenblatt 1962: Frank Rosenblatt, Principles of neurodynamics; perceptrons and the theory of brain mechanisms, 1962

Widrow and Winter 1988: Bernard Widrow and Rodney Winter, Madaline Rule II: A Training Algorithm for Neural Networks, 1988

Widrow and Hoff 1960: Bernard Widrow and Tedd Hoff, Adaptive Switching Circuits, 1960

Minsky and Papert 1969: Marvin Minsky and Seymour Papert, Perceptrons: an Introduction to Computational Geometry, 1969

Rumelhart, Hinton and Williams 1986: David E. Rumelhart, Geoffrey E. Hinton and Ronald J. Williams, Learning representations by back-propagating errors, 1986

Jabri and Flower 1992: Marwan Jabri, Barry Flower, Weight perturbation: An optimal architecture and learning technique for analog VLSI feedforward and recurrent multilayer networks, 1992

Bishop 1995: Chrispopher M. Bishop, Neural Networks for Pattern Recognition, 1995

Kosh and Poggio 1992: Christof Kosh and Tomaso Poggio, Single Neuron Computation, 1992

Yadav 2006: R.N. Yadav, P.K. Kalra and J. John, Time series prediction with single multiplicative neuron model, 2006

Rojas 1996: Raúl Rojas, Neural Networks. A Systematic Introduction., 1996

Wilson and Martinez 2003: D. Randall Wilson and Tony R. Martinez, The general inefficiency of batch training for gradient descent learning, 2003

Marner 2011: Lisbeth Marner, Communication among Neurons. Quantitative Measures in Aging and Disease., 2011

Lippmann 1987: Richard P. Lippmann, Introduction to Computing with Neural Nets, 1987

www.ingramcontent.com/pod-product-compliance
Lightning Source LLC
Chambersburg PA
CBHW071155050326
40689CB00011B/2119